Michel Kongolo

Gardez le moral au top

Michel Kongolo

Gardez le moral au top

La motivation chrétienne dans l'épreuve

Éditions Croix du Salut

Imprint
Any brand names and product names mentioned in this book are subject to trademark, brand or patent protection and are trademarks or registered trademarks of their respective holders. The use of brand names, product names, common names, trade names, product descriptions etc. even without a particular marking in this work is in no way to be construed to mean that such names may be regarded as unrestricted in respect of trademark and brand protection legislation and could thus be used by anyone.

Cover image: www.ingimage.com

Publisher:
Éditions Croix du Salut
is a trademark of
International Book Market Service Ltd., member of OmniScriptum Publishing Group
17 Meldrum Street, Beau Bassin 71504, Mauritius

Printed at: see last page
ISBN: 978-613-7-36583-0

Gardez le moral au top

La motivation chrétienne dans l'épreuve

Michel Kongolo

Avant-propos

Cet ouvrage est un petit recueil de 230 différentes pensées personnelles de Michel Kongolo sous forme de conseils de motivation chrétienne, accompagnés de versets bibliques, destinés à exhorter, et à encourager le peuple de Dieu afin qu'il soit toujours motivé dans sa marche avec le Seigneur Jésus-Christ, car il y a des moments de faiblesse dans la vie de tout chrétien!

L'ouvrage est donc organisé en deux parties : la première concerne la biographie de l'auteur, afin de vous faire savoir ce pourquoi il a écrit ce petit recueil, et afin que vous ayez un bref aperçu des moments de faiblesse qu'il a traversé dans sa marche chrétienne. La seconde concerne les conseils de motivation chrétienne et les versets bibliques.

Inspiré et conçu pour fournir un réconfort spirituel, et un soutien moral aux enfants de Dieu par la puissance du Saint Esprit, et la direction motivationnelle qu'il fournit grâce à la sagesse de la parole de Dieu qui lui est associée, cet ouvrage vous aidera lorsque vous serez confrontés au découragement et à la démotivation causés par les diverses épreuves de la vie, afin que vous ne fassiez pas naufrage dans votre foi.

Grâce à ce que vous lirez, le Saint Esprit vous édifiera et vous fortifiera telle la force motrice d'une voiture embourbée, afin que vous puissiez continuer votre combat de la foi, et saisir ainsi la vie éternelle, comme la parole de Dieu nous le recommande:

"Combats le bon combat de la foi, saisis la vie éternelle à laquelle tu as été appelé, et pour laquelle tu as fait une belle confession en présence d'un grand nombre de témoins. " (Lire Timothée 6.12)

Sommaire

Biographie

Michel Kongolo est un auteur chrétien de nationalité congolaise, né le 1er mai 1988 à Kinshasa en République démocratique du Congo. Il est prédicateur de l'Evangile, et ingénieur en commerce international de formation. Fils du Dr Gilbert Kongolo et d'Ursule Mbongo, Michel est le sixième enfant d'une famille de onze enfants. Dès son enfance, sa mère l'a instruit à suivre le chemin du Seigneur Jésus-Christ en l'emmenant régulièrement dans un groupe chrétien appelé : "Ministère du Combat Spirituel". A l'âge de 21 ans, il fait ses premiers pas au service du Seigneur en faisant partie de l'équipe de sécurité d'une église appelée "Assemblée des saints de Sion" à Kinshasa, aux côtés de l'apôtre Jonathan Mongali, puis un an plus tard, une bourse pour l'Algérie lui est accordée, et il se mit en route pour continuer ses études en terre étrangère.

8 ans plus tard, il obtient son diplôme d'ingénieur en commerce international. Au cours de son cheminement d'étudiant, Michel fait face à une adversité féroce qui le pousse à chercher davantage la face du Seigneur comme il est écrit dans le Psaume 105:4 "Ayez recours à l'Eternel et à son appui, Cherchez continuellement sa face " ! Par sa bonté, Dieu s'est révélé à lui lors d'une campagne d'évangélisation étudiante organisée par un jeune prédicateur étudiant au nom de Chadrac Nstouassouani à l'Est de l'Algérie, en 2013.

Il continua à chercher la face du Seigneur tout en se mettant à son service comme l'un des huissiers de l'Epouse de Christ d'Algérie (L'œuvre qu'avait commencée le jeune étudiant prédicateur 'Chadrac Nstouassouani'). Michel persévéra dans l'œuvre de Dieu en milieu estudiantin jusqu'à devenir responsable de toutes les cellules de l'Epouse de Christ d'Algérie qui se trouvaient dans les villes du centre de l'Algérie, car l'œuvre s'agrandissait, et s'étendait sur tout le territoire Algérien. En passant plus de temps avec le Seigneur, l'appel au ministère se fit sentir.

Jeune prédicateur, et inexpérimenté dans le ministère, Michel se mit à l'œuvre en prêchant la parole de Dieu aux côtés du jeune étudiant prédicateur Chadrac Nstouassouani, qui par contre avait plus d'expérience dans le ministère, et qui fut déjà à un très jeune âge l'initiateur de certaines églises dans son pays d'origine (Le Congo-Brazzaville).

Chemin faisant avec le Seigneur, Michel traversa des épreuves qui ont été terriblement pénibles et douloureuses jusqu'à lui faire perdre toute sa motivation pour le Christ, et ne plus parvenir à suivre le Seigneur, parce qu'il était totalement découragé et en colère contre Dieu, estimant que ce qu'Il a permis dans sa vie comme épreuves était injuste de sa part ! Apres avoir servi Dieu de tout son cœur pendant plusieurs années, et avoir presque tout sacrifié pour être à son service, Michel se voit interpellé par la police à Alger, et conduit au désert du Sahara afin d'être expulsé de l'Algérie pour le Niger comme sont expulsés les clandestins, car ses papiers étaient expirés pendant qu'il faisait certaines démarches pour sortir légalement de l'Algérie ! Gloire soit rendue à Dieu pour son intervention, car avant d'atteindre la dernière barrière du désert qui relie la frontière Algérienne et la frontière Nigérienne, le miracle c'était produit, et l'expulsion n'avait pas eu lieu !

Afin de retour à Alger après sa libération, le directeur du centre de refoule avait envoyé des fax à la police nationale Algérienne, à la gendarmerie nationale d'Algérie, et au bureau du gouverneur de la ville de Tamanrasset (ville ou se situe le désert du Sahara), pour leur faire savoir qu'il y a un étudiant congolais au nom de Michel Kongolo qui quitte Tamanrasset pour Alger, et que personne ne l'arrête lors de son voyage ! C'est ainsi que Michel quitta le centre de refoule à Tamanrasset, et reprit la route pour Alger tout en savourant le désert du Sahara comme un touriste en visite guidée.

Grâce au secours divin, et à l'assistance des saints (particulièrement de Chadrac Nstouassouani), Michel a pu reprendre l'élan nécessaire et la motivation pour le Christ, et a ainsi poursuivi sa marche avec le Seigneur jusqu'à aujourd'hui.

Ayant expérimenté l'adversité de plusieurs manières dans sa vie jusqu'à atteindre l'absence totale de motivation pour le Christ, et parvenir à remonter la pente, et retrouvé son zèle pour le Seigneur, Michel est aujourd'hui un instrument entre les mains de Dieu qui conseille, encourage, et motive les saints qui perdent parfois leur foi et leur motivation pour le Christ suite aux dures épreuves de la vie.

Conseils de motivation chrétienne et versets bibliques

1. Quand l'avenir s'obscurcit dans notre champ de vision, il ne s'agit pas pour nous de chercher les certitudes de demain, mais plutôt de nous concentrer sur l'espérance d'un avenir meilleur en Jésus-Christ, car de celle-ci naîtra la certitude que nous cherchons.

"Il y a de l'espérance pour ton avenir, dit l'Éternel " (Lire Jérémie 31.17)

2. Tant que Dieu nous donne la vie, nous devons nous accrocher à garder espoir quoi qu'il arrive, car il y a encore de l'espérance pour nous qui sommes vivants.

"Pour tous ceux qui vivent il y a de l'espérance; et même un chien vivant vaut mieux qu'un lion mort. " (Lire Ecclésiaste 9.4)

3. La souffrance n'est rien de plus que le chemin de la gloire, car la gloire est souvent le résultat de la souffrance ! C'est pourquoi l'apôtre Paul nous encourage à souffrir avec lui comme de bons soldats chrétiens, car les souffrances que nous endurons sur terre ne peuvent être comparées à la gloire à venir. Alors persévérons, malgré la souffrance dans nos vies.

"Souffre avec moi, comme un bon soldat de Jésus-Christ. " (Lire II Timothée 2.3), Car "J'estime que les souffrances du temps présent ne sauraient être comparées à la gloire à venir qui sera révélée pour nous. " (Lire Romains 8.18)

4. Le fait que nous ayons souffert d'une manière ou d'une autre dans la vie, et que nous ayons réussi à nous en sortir comme Job et les prophètes, cela fait de nous des modèles, car ceux qui vivront les mêmes souffrances se référeront à la nôtre, afin de garder espoir qu'eux aussi s'en sortiront. Luttons donc de toutes nos forces avec le Seigneur Jésus-Christ, afin que nous aussi soyons des modèles pour les générations futures comme les anciens le sont pour nous.

“Prenez, mes frères, pour modèles de souffrance et de patience les prophètes qui ont parlé au nom du Seigneur. Voici, nous disons bienheureux ceux qui ont souffert patiemment. Vous avez entendu parler de la patience de Job, et vous avez vu la fin que le Seigneur lui accorda, car le Seigneur est plein de miséricorde et de compassion. “ (Lire Jacques 5.10-11)

5. La souffrance physique est parfois moins douloureuse que la souffrance psychologique! Pour nous débarrasser de toute souffrance psychologique, nous devons la confier à Dieu dans la prière et à ses serviteurs de confiance. Par conséquent, ne laissons plus ces blessures intérieures du passé nous ronger, mais parlons-en à Dieu et à son serviteur qu'Il a mis à côté de nous, afin que nous puissions recevoir aide spirituelle et soutien moral, et surtout paix et soulagement intérieur.

“Confiez-vous en l’Éternel, votre Dieu, et vous serez affermis; confiez-vous en ses prophètes, et vous réussirez. “ (Lire II Chroniques 20.20)

6. Quand nous souffrons, nous voulons obtenir de l'aide des autres ; une fois que nous sommes sortis de la souffrance, souvent nous ne nous souvenons pas de ceux qui souffrent pour les aider, en sachant qu'ils comptent sur notre aide pour s'en sortir comme nous comptions sur l'aide des autres lorsque nous étions en souffrance!

Or, Dieu permet la souffrance dans nos vies afin que nous soyons la consolation de ceux qui souffrent lorsque notre souffrance prendra fin.

“Si nous sommes affligés, c’est pour votre consolation et pour votre salut; si nous sommes consolés, c’est pour votre consolation, qui se réalise par la patience à supporter les mêmes souffrances que nous endurons. “ (Lire II Corinthiens 1.6)

7. Quand nous sommes exposés au déshonneur de quelque manière que ce soit et que nous craignons toujours Dieu malgré cela, Dieu ne nous abandonnera pas, mais Il nous honorera, car il est un Dieu fidèle et juste.

“Mais il honore ceux qui craignent l’Éternel “ (Lire Psaume 15.4)

8. Subir de grands déshonneurs dans la vie désoriente l'homme au point de le perdre si la grâce de Dieu n'intervient pas ! L'adage dit que le ridicule ne tue pas, mais Achitophel, conseiller du roi David et d'Absalom, a vécu un grand déshonneur lorsque ses conseils étaient désapprouvés, car, comme toujours, ses conseils avaient été approuvés ! Ce grand déshonneur l'a poussé à se suicider parce qu'il ne le supportait pas. C'est pourquoi, prions donc Dieu pour recevoir la grâce afin que nous puissions faire face aux déshonneurs que le monde jette sur nous à cause du Christ.

"Les conseils donnés en ce temps-là par Achitophel avaient autant d'autorités que si l'on eût consulté Dieu lui-même. Il en était ainsi de tous les conseils d'Achitophel, soit pour David, soit pour Absalom. " (Lire II Samuel 16.23);

" Achitophel, voyant que son conseil n'était pas suivi, sella son âne et partit pour s'en aller chez lui dans sa ville. Il donna ses ordres à sa maison, et il s'étrangla. C'est ainsi qu'il mourut, et on l'enterra dans le sépulcre de son père. " (Lire II Samuel 17.23)

9. Parfois, nous nous sentons si vulnérables que nous nous croyons si faibles plus qu'une simple feuille de papier ! Maintenant, de cette faiblesse parfaite peut venir la force parfaite de l'Omnipotent, car quand nous sommes faibles, c'est alors qu'Il est fort en nous! Ne nous décourageons donc pas, mais persévérons et faisons l'expérience de cette force parfaite dans notre faiblesse.

"Et il m'a dit : ma grâce te suffit, car ma puissance s'accomplit dans la faiblesse. Je me glorifierai donc bien plus volontiers de mes faiblesses, afin que la puissance du Christ repose sur moi. C'est pourquoi je me plais dans les faiblesses, dans les outrages, dans les calamités, dans les persécutions, dans les détresses, pour Christ; car, quand je suis faible, c'est alors que je suis fort. " (Lire II Corinthiens 12.9-10)

10. Parfois nous ne sommes plus capables de faire des efforts parce que nous avons tant fait, et les résultats ont été décevants ! C'est précisément en ce moment que nous pouvons compter sur la force de l'Omnipotent qui peut tout faire en nous par cette fatigue que nous ressentons.

“Je puis tout par celui qui me fortifie. “ (Lire Philippiens 4.13)

11. Le fait de savoir que certains ont été faibles avant nous, et que malgré leurs faiblesses ils ont vaincu, cela est un encouragement pour nous ; car malgré nos faiblesses, nous savons que nous vaincrons comme ils ont vaincu malgré les leurs ; et c'est la preuve que nos faiblesses ne peuvent en aucun cas nous empêcher d’être victorieux en Jésus-Christ.

Car c'est quand nous sommes faibles que nous sommes forts par Dieu parce que Sa puissance s'accomplit dans notre faiblesse ; c’est pourquoi nous qui sommes faibles pouvons dire la tête haute que nous sommes forts.

“Et il m’a dit : ma grâce te suffit, car ma puissance s’accomplit dans la faiblesse. Je me glorifierai donc bien plus volontiers de mes faiblesses, afin que la puissance de Christ repose sur moi. C’est pourquoi je me plais dans les faiblesses, dans les outrages, dans les calamités, dans les persécutions, dans les détresses, pour Christ; car, quand je suis faible, c’est alors que je suis fort. “ (Lire II Corinthiens 12.9-10)

“Que le faible dise : Je suis fort! “ (Lire Joël 3.10)

12. Dans une guerre l'important est de rester en vie, et non seulement de se battre pour la victoire, parce qu’il faut d'abord être en vie pour pouvoir se battre, car les morts ne combattent pas !

Il en est de même pour notre vie spirituelle, nous devons d'abord maintenir notre relation et notre communion avec le Seigneur Jésus-Christ, car sans lui, nous ne pouvons combattre le bon combat de la foi, afin de saisir la vie éternelle, tandis que Dieu nous appelle à la saisir par le combat de la foi.

“Combats le bon combat de la foi, saisis la vie éternelle, à laquelle tu as été appelé, et pour laquelle tu as fait une belle confession en présence d’un grand nombre de témoins. “ (Lire I Timothée 6.12)

13. Faites tout ce que vous pouvez pour survivre dans l'adversité et en sortir victorieux, car ce qui compte, c'est de survivre jusqu'à la fin de l'épreuve ! Il en est de même dans le

spirituel ; nous devons faire de notre mieux pour ne pas rompre notre communion avec notre Dieu quand nous sommes dans l'adversité, parce que c'est celle-ci qui nous fera survivre jusqu'à la fin de l'épreuve ! Or, ce que notre adversaire le diable désire, c'est que nous tournions le dos à notre Dieu à cause de l'adversité, afin que nous mourions comme il le désirait pour Job.

“Et Satan répondit à l’Éternel : Est-ce d’une manière désintéressée que Job craint Dieu? Ne l’as-tu pas protégé, lui, sa maison, et tout ce qui est à lui? Tu as béni l’œuvre de ses mains, et ses troupeaux couvrent le pays. Mais étend ta main, touche à tout ce qui lui appartient, et je suis sûr qu’il te maudit en face. “ (Lire Job 1.9-11)

14. Quand nous nous lançons dans de nouvelles aventures dans notre vie, nous avons beaucoup d'enthousiasme et nous ne voyons que ce qu'il y a de mieux devant nous, et parfois l'idée de l’échec ne nous vient pas à l'esprit. À un moment donné, la réalité sur le terrain nous rattrape, et c'est là que nous saurons si nous étions vraiment prêts avant de commencer, parce que si nous étions prêts, peu importe le succès ou l'échec de l'aventure, nous garderons le moral haut.

Car si nous réussissons dans l'aventure, les choses iront bien, mais si nous échouons, nous sortirons plus forts de cet échec, parce que nous gagnerons des expériences qui nous serviront de leçon pour de futures aventures dans la vie, car Dieu permet tout dans la vie pour un but spécifique.

“L’Éternel a tout fait pour un but, Même le méchant pour le jour du malheur. “ (Lire Proverbes 16.4)

15. La bataille de la vie pour entrer par la porte étroite du royaume nous épuise quand les luttes se prolongent ! Mais avec un peu d'effort, nous y parviendrons par la grâce de Dieu, car si la grâce n'intervient pas, tout effort de notre part est vain, parce que c'est par elle que nous sommes sauvés.

“C’est par la grâce que vous êtes sauvés, par le moyen de la foi. Et cela ne vient pas de vous, c’est le don de Dieu. Ce n’est point par les œuvres, afin que personne ne se glorifie. “ (Lire Éphésiens 2.8-10)

“Efforcez-vous d’entrer par la porte étroite. Car, je vous le dis, beaucoup chercheront à entrer, et ne le pourront pas. “ (Lire Luc 13.24)

16. Avec un peu effort soutenu, nous pouvons avancer par la grâce de Dieu pour entrer dans le repos. N'abandonnons donc pas malgré les difficultés qui semblent insurmontables dans notre vie, mais luttons de toutes nos forces, et nous y parviendrons.

“Efforçons-nous donc d’entrer dans ce repos, afin que personne ne tombe en donnant le même exemple de désobéissance. “ (Lire Hébreux 4.11)

17. Ne jamais admettre la défaite lorsqu’ on se bat contre soi-même, parce que quand la bataille fait rage en nous, nous admettons parfois la défaite et déposons les armes par lâcheté. Alors, ne faiblissons plus quand nous sommes en détresse, sinon notre force ne sera que détresse ; car nous luttons avec la force que Dieu nous communique, pas la nôtre.

“Si tu faiblis au jour de la détresse, Ta force n’est que détresse. “ (Lire Proverbes 24.10)

18. La persévérance est l'art de tenir ferme dans une résolution comme Abraham nous l'a démontré en tenant ferme dans sa résolution de croire en la promesse de Dieu qu'il allait enfanter un fils au nom d'Isaac.

“Et c’est ainsi qu’Abraham, ayant persévéré, obtint l’effet de la promesse. “ (Lire Hébreux 6.15)

19. N'abandonnons pas dans le combat, mais efforçons-nous de toujours lutter, car la victoire est certaine avec Jésus-Christ pour ceux qui persévéreront jusqu'à la fin de l'épreuve comme Abraham qui persévéra jusqu’à la fin de son épreuve, et fut victorieux en obtenant l’effet de la promesse.

“Et c’est ainsi qu’Abraham, ayant persévéré, obtint l’effet de la promesse. “ (Lire hébreux-6:15)

Car la persévérance dans la véritable foi en la parole et en la puissance agissante de Dieu, produit inévitablement la victoire. "…sachant que l'affliction produit la persévérance, la persévérance la victoire dans l'épreuve, et cette victoire l'espérance. " (Lire Romains 5.3-4)

C'est pourquoi gardons en tête que tout comme l'épreuve a eu un début, elle a aussi une fin, car il est écrit qu'il y a un temps pour tout ! Alors persévérons, car la victoire est à nous. "Il y a un temps pour tout, un temps pour toute chose sous les cieux " (Lire Ecclésiaste 3.1)

20. Quand on ne sait pas qui on est, c'est souvent parce qu'on s'est perdu à l'intérieur, et on ne connaît sûrement pas notre potentiel.

"Étant rentré en lui-même, il se dit : combien de mercenaires chez mon père ont du pain en abondance, et moi, ici, je meurs de faim! Je me lèverai, j'irai vers mon père, et je lui dirai : mon père, j'ai péché contre le ciel et contre toi " (lire Luc 15.17-18)

21. Pour avoir du caractère nous devons lutter contre nous-mêmes, car nous sommes nés dans l'iniquité, et conçus dans le péché ! De ce fait, le caractère de l'homme ne peut jamais être parfait à cause de sa nature pécheresse !

Pour retourner à l'état originel de l'homme avant sa chute dans le jardin d'Éden, nous devons donc lutter pour atteindre la stature parfaite du Christ qui est l'être parfait qui n'a jamais existé sur terre.

"Jusqu'à ce que nous soyons tous parvenus à l'unité de la foi et de la connaissance du Fils de Dieu, à l'état d'homme fait, à la mesure de la stature parfaite de Christ " (Lire Éphésiens 4.12-13)

"A cause de cela même, faites tous vos efforts pour joindre à votre foi la vertu, à la vertu la science, à la science la tempérance, à la tempérance la patience, à la patience la piété, à la piété l'amour fraternel, à l'amour fraternel la charité. " (Lire II Pierre 1.5-7)

22. Parfois Dieu ne nous retire pas immédiatement du feu de l'adversité, parce qu'Il veut être avec nous dans le feu, afin que nous puissions connaître Sa puissance.

“Il reprit et dit : eh bien, je vois quatre hommes sans liens, qui marchent au milieu du feu, et qui n’ont point de mal; et la figure du quatrième ressemble à celle d’un fils des dieux. “ (Lire Daniel 3.25)

23. Il y a ces cruelles expériences du passé qui nous empêchent parfois d'avancer pleinement, parce qu'elles ont été si atroces et douloureuses que nous avons été traumatisés !

Rien que le souvenir de tout cela nous fait revivre ces terribles émotions jusqu'à ce que nous soyons entravés psychologiquement ! Maintenant, la parole nous dit de repasser à notre cœur les bontés inépuisable de Dieu, afin de trouver l'espérance, car il nous arrive de la perdre à cause des pensées négatives.

“Quand je pense à ma détresse et à ma misère, à l’absinthe et au poison; quand mon âme s’en souvient, elle est abattue au-dedans de moi. Voici ce que je veux repasser en mon cœur, ce qui me donnera de l’espérance les bontés de l’Éternel ne sont pas épuisés, ses compassions ne sont pas à leur terme; elles se renouvellent chaque matin. Oh! Que ta fidélité est grande! “ (Lire Lamentations 3:19-23)

24. Nous pouvons utiliser nos mauvaises expériences du passé enracinées en nous comme des tremplins, pour nous prouver à nous-mêmes que nous sommes plus grands et plus forts par la vertu de Dieu, et qu'il est possible d'avancer en dépit de ces douleurs.

“Celui qui est en vous est plus grand que celui qui est dans le monde “ (Lire I Jean 4.4)

25. La motivation est le déclencheur de l'action ! Si nos motivations ne sont pas bonnes, nos actions ne le seront pas non plus. C'est pourquoi prenons soin de nos motivations profondes en gardant jalousement notre cœur avant d'agir.

“Garde ton cœur plus que toute autre chose, car de lui viennent les sources de la vie. “ (Lire Proverbes 4:23)

26. Peu importe ce que les années passées nous ont fait vivre comme réalités, rassurons-nous qu'il n'y aura que du bonheur dans l'avenir, car malgré les tristes réalités du passé, tout va bien par la grâce de Dieu comme la femme Sunamite l'avait dit après la mort de son fils unique, et tout ira bien pour nous comme ce fut le cas pour elle.

“Le serviteur l’emporta et l’amena à sa mère. Et l’enfant resta sur les genoux de sa mère jusqu’à midi, puis il mourut. Elle monta, le coucha sur le lit de l’homme de Dieu, ferma la porte sur lui, et sortit. “ (Lire II Rois 4.21)

“Elle appela son mari, et dit : Envoie-moi, je te prie, un des serviteurs et une des ânesses; je veux aller en hâte vers l’homme de Dieu, et je reviendrai. Et il dit : pourquoi veux-tu aller aujourd’hui vers lui? Ce n’est ni nouvelle lune ni sabbat. Elle répondit : Tout va bien. “ (Lire II Rois 4.22-23)

“Elisée appela Guéhazi, et dit: Appelle cette Sunamite. Guéhazi l'appela, et elle vint vers Elisée, qui dit: Prends ton fils! Elle alla se jeter à ses pieds, et se prosterna contre terre. Et elle prit son fils, et sortit. “ (Lire 2 Rois 4 :36-37)

27. Il y a ceux qui sont allés si loin dans le mal qu'ils n'attendent plus rien de bon de Dieu sinon un jugement sévère ; c'est pourquoi ils persévèrent dans le mal ! Ils se sont tellement méconduits qu'ils n’arrivent plus à espérer d’un avenir meilleur !

Or, quand le Christ est venu sur terre, il a dit “qu’il était venu chercher et sauver ce qui était perdu. “ (Lire Luc19:10) ! Se sentir perdu n’est pas synonyme d’être perdu, car : “Il y a de l’espoir pour votre avenir “ (Lire Jérémie 31:17)

28. Quand la bataille fait rage entre le mal et le bien en nous, nous devons savoir que nous avons la force profonde de vaincre le mal, c'est pourquoi Dieu nous a dit ceci :

“Ne te laisse pas vaincre par le mal, mais surmonte le mal par le bien. “ (Lire Romains 12.21)

29. Autour de nous il y a des gens qui réagissent parfois de façon méchante et agressive, et qui ont un comportement insupportable et intolérable à nos yeux ! Maintenant, si nous

retournons à leurs vies antérieures, nous découvririons qu'ils étaient des gens admirables, mais qu'après les coups de la vie, ils ne sont plus les mêmes ! Si nous voulons aider ce genre de personne, il nous faut de la tolérance envers eux.

“Supportez-vous les uns les autres, et, si l’un a sujet de se plaindre de l’autre, pardonnez-vous réciproquement. De même que Christ vous a pardonné, pardonnez-vous aussi “. (Lire Colossiens 3.13)

30. Parfois nous nous désintéressons des choses auxquelles nous pensions, et qui étaient si importantes pour nous à un moment donné de notre vie ! Ce désintérêt est souvent le résultat de notre insatisfaction à l'égard de nos espoirs et de nos désirs, car nous nous attendions à une certaine suite, et la réalité était bien différente.

“Un espoir différé rend le cœur malade, mais un désir accompli est un arbre de vie “ (Lire Proverbes 13.12)
“Un désir accompli est doux à l’âme. “ (Lire Proverbes 13.19)

31. La perte d’un intérêt quelconque dans la vie n'est pas la fin du discours, sauf pour ceux qui en meurent ! Car, perdre de d'intérêt pour une chose est souvent le début du processus de naissance d'un autre intérêt pour nous !

Ne nous décourageons donc pas malgré le manque d'intérêt apparent, mais gardons toujours espoir, car des choses merveilleuses peuvent naître de cet état passif comme la passivité d'un arbre qui a été coupé.

“Un arbre a de l’espérance : quand on le coupe, il repousse, Il produit encore des rejetons; quand sa racine a vieilli dans la terre, quand son tronc meurt dans la poussière, Il reverdit à l’approche de l’eau, Il pousse des branches comme une jeune plante. “ (Lire Job 14.7-9)

32. À un moment donné de notre vie, nous pouvons voir des ténèbres profondes de toutes parts ! Au milieu de cette obscurité, il y a toujours une voix très faible au fond de nous qui nous dit que tout ira bien, mais souvent nous préférons faire attention à la grande voix des circonstances malheureuses !

Ce qui arrive après, c’est que nous nous laissons aller à la passivité, et nous oublions que le Dieu qui nous parle à travers cette voix très faible disant que tout ira bien est capable de changer les temps et les circonstances en notre faveur, car c'est Lui qui est le Maître (Le Seigneur).

“C’est lui qui change les temps et les circonstances, qui renverse et qui établit les rois, qui donne la sagesse aux sages et la science à ceux qui ont de l’intelligence. Il révèle ce qui est profond et caché, il connaît ce qui est dans les ténèbres, et la lumière demeure avec lui. “ (Lire Daniel 2.21-22)

33. Quand nous sommes dans le brouillard, il est difficile de voir le chemin qui nous attend ! C'est ce qui arrive dans notre vie quand nous avons des problèmes, parce que cela envahit tellement nos cœurs et nos esprits qu'il crée de fortes inquiétudes qui deviennent comme un brouillard qui nous empêche de voir le meilleur qui est devant nous !

Cependant, il y a vraiment une vie pleine de roses devant nous qui nous attend, et que nous n’arrivons pas percevoir à cause de nos graves préoccupations ! C'est pourquoi la parole nous dit:

“Ne vous inquiétez de rien; mais en toute chose faites connaître vos besoins à Dieu par des prières et des supplications, avec des actions de grâce. Et la paix de Dieu, qui surpasse toute intelligence, gardera vos cœurs et vos pensées en Jésus Christ. “ (Lire Philippiens 4.6-7)

34. Parfois, quand ceux qui nous entourent progressent et que nous ne progressons pas, ou à peine, ou même nous reculons dans la vie, cela nous donne le vertige au cœur, parce que nous pensons que nous sommes en retard.

Cependant, il n'y a pas de retard dans la vie, car chacun a son destin, son jour de gloire, et son temps ! Cessons donc de nous en soucier, et confions-nous au temps de Dieu pour notre vie, car “Il fait toute chose bonne en son temps “ (Lire Ecclésiaste 3.11)

35. Le déséquilibre émotionnel dû à certaines épreuves de la vie nous conduit parfois à des actions folles, car c'est notre énergie qui bouge de manière désordonnée en nous !

Par la grâce divine, et avec l'aide de Dieu nous pouvons développer et acquérir la maîtrise de soi pour savoir comment mettre de l'ordre dans notre être intérieur, et ne pas laisser nos émotions hostiles prendre le dessus, car sans maîtrise de soi, nous sommes comme des villes forcées.

“ Comme une ville forcée et sans murailles, ainsi est l’homme qui n’est pas maître de lui-même. “ (Lire Proverbes 25.28)

36. Il y a des moments où nous sommes tellement sous pression à cause des problèmes de la vie que nos émotions varient en nous au point de nous mettre mal à l'aise ! Cela aura pour conséquence le manque de connaissance exacte du désir du moment, car sans maîtrise de soi, nous nous laisserons emporter par le désir qui se présentera dans le futur immédiat !

Que le désir soit bon ou mauvais, nous serons guidés par les émotions, et nous réagirons sans penser aux conséquences ! Alors, demander à Dieu de nous révéler qui nous sommes en Lui pour que nous puissions mieux nous contrôler.

“La révélation de tes paroles éclaire, Elle donne de l’intelligence aux simples. “ (Lire Psaume 119.130)

37. L'équilibre entre les problèmes et les solutions permet à l'homme de s'accrocher jusqu'à ce qu'il s'en sorte complètement, car lorsqu'il y a un déséquilibre entre ceux-ci, et que la balance penche vers les problèmes, cela fait chuter le moral, ce qui se manifeste par un comportement inhabituel !

C'est pourquoi il ne faut pas s'étonner que certains de nos proches aient des comportements inhabituels lorsqu’ils sont sous pression, car c'est un déséquilibre temporaire ! Soutenons-les dans la prière et l'exhortation tout en étant compréhensifs jusqu'à ce que l'équilibre émotionnel leur revienne.

"… priez les uns pour les autres " (Lire Jacques 5.16) ; "C'est pourquoi exhortez-vous réciproquement, et édifiez-vous les uns les autres. " (Lire I Thessaloniciens 5.11)

38. Sommes-nous prêts à payer le prix du succès que nous recherchons ? Parce qu'il n'y a rien pour rien dans la vie ! Plus nous voulons de grandes choses, plus le prix que nous paierons sera élevé !

Dieu voulait une grande chose (le salut de l'humanité), et il a payé le prix ultime, qui est le sacrifice de son propre fils sur la croix ! Et qu'êtes-vous prêt à sacrifier pour votre succès?

"Car Dieu a tant aimé le monde qu'il a donné son Fils unique, afin que quiconque croit en lui ne périsse point, mais qu'il ait la vie éternelle. " (Lire Jean 3.16)

39. Parfois nous ne voyons pas les bienfaits de Dieu à cause de la souffrance que nous endurons ! Cela nous rend ingrats envers Dieu ! Mais en y regardant de plus près, nous réaliserons ses merveilles dans nos vies. Remercions donc Dieu pour ce qu'Il ne cesse de faire pour nous à commencer par le souffle de vie immérité qu'Il nous a donné depuis notre naissance, jusqu'à aujourd'hui.

"Que tout ce qui respire loue l'Éternel! Louez l'Éternel! " (Lire Psaume 150.6)

40. L'homme tombe parfois dans l'insouciance ou même dans le suicide à cause de soucis multiples jusqu'à ce qu'il en ait assez et franchisse la ligne de l'inquiétude suite à ses problèmes non résolus.

A ce niveau, l'homme est prêt à se lancer dans des aventures dangereuses jusqu'à ce qu'il risque sa propre vie. Maintenant, étant enfant de Dieu, le Seigneur Jésus-Christ nous invite à nous décharger de toutes nos inquiétudes sur lui, parce qu'il a dit qu'il prenait soin de nous.

"Déchargez-vous sur lui de tous vos soucis, car lui-même prend soin de vous. " (Lire : I Pierre 5.7)

41. Notre position en Christ est plus sûre que notre condition terrestre, car cette dernière dépend des circonstances, tandis que notre position en Christ est éternelle.

“Il nous a ressuscités ensemble, et nous a fait asseoir ensemble dans les lieux célestes, en Jésus-Christ “ (Lire Éphésiens 2.6).

Aimons donc les choses d'en haut et non les choses de la terre, car la terre et tout ce qu'elle contient passera.

“Affectionnez-vous aux choses d’en haut, et non à celles qui sont sur la terre. Car vous êtes morts, et votre vie est cachée avec Christ en Dieu. Quand Christ, votre vie, paraîtra, alors vous paraîtrez aussi avec lui dans la gloire. “ (Lire Colossiens 3.2-4)

“Si donc vous êtes ressuscités avec Christ, cherchez les choses d’en haut, où Christ est assis à la droite de Dieu. “ (Lire Colossiens 3.1)

42. Quand notre identité spirituelle nous manquera, nos privilèges nous manqueront parce que nous ne savons pas qui nous sommes. D’où, nous ne tirerons pas avantage de nos privilèges.

“J’avais dit : Vous êtes des dieux, Vous êtes tous des fils du Très Haut. Cependant vous mourrez comme des hommes, Vous tomberez comme un prince quelconque. “ (Lire Psaume 82.6-7)

43. La connaissance de soi par la révélation divine et la maîtrise de soi par le Saint Esprit nous permet de contrôler nos réactions comme ce fut le cas avec Pierre qui ne savait pas qui il était ! Quand Jésus lui a révélé son identité et après avoir vécu la Pentecôte, Pierre qui avait peur, a pu contrôler ses réactions par la vertu du Saint Esprit!

Ayant la révélation que Jésus lui avait donné les clés du royaume, il fut le premier à parler devant une multitude alors qu'il avait renié Christ trois fois. Cherchons donc à connaître qui nous sommes en Christ, et à faire l'expérience personnelle du baptême de Saint Esprit comme Pierre.

“Et moi, je te dis que tu es Pierre, et que sur cette pierre je bâtirai mon Église “ (lire Matthieu 16.18)

“Alors Pierre, se présentant avec les onze, éleva la voix, et leur parla en ces termes: Hommes Juifs, et vous tous qui séjournez à Jérusalem, sachez ceci, et prêtez l’oreille à mes paroles! Ces gens ne sont pas ivres, comme vous le supposez, car c’est la troisième heure du jour. Mais c’est ici ce qui a été dit par le prophète Joël : dans les derniers jours, dit Dieu, je répandrai de mon Esprit sur toute chair; vos fils et vos filles prophétiseront, Vos jeunes gens auront des visions, et vos vieillards auront des songes. Oui, sur mes serviteurs et sur mes servantes, dans ces jours-là, je répandrai de mon Esprit; et ils prophétiseront. Je ferai paraître des prodiges en haut dans le ciel et des miracles en bas sur la terre “ (Lire : Actes 2.14-19)

44. Parfois nous pensons que nous ne sommes pas compris de tous alors qu'il nous appartient plutôt de nous comprendre personnellement en travaillant sur nous-mêmes !

En dépit de cela, le Christ parvient à mieux nous comprendre mieux que nous-mêmes sans que nous le sachions.

“Car nous n’avons pas un souverain sacrificateur qui ne puisse compatir à nos faiblesses; au contraire, il a été tenté comme nous en toutes choses, sans commettre de péché. Approchons-nous donc avec assurance du trône de la grâce afin d’obtenir miséricorde et de trouver grâce, pour être secourus dans nos besoins. “ (Lire Hébreux 4.15-16)

45. Quand nous n'avons pas de connaissances notre destruction est assurée, car le manque de connaissances nous plonge dans l'ignorance. “Mon peuple est détruit, parce qu’il lui manque la connaissance. “ (Lire Osée 4.6)

C'est pourquoi nous ne devons pas oublier que la vie éternelle est la connaissance de Dieu et de son fils. “ Or, la vie éternelle, c’est qu’ils te connaissent, toi, le seul vrai Dieu, et celui que tu as envoyé, Jésus-Christ. “ (Lire Jean 17.3)

Alors, lisons et méditons la parole pour avoir la vie éternelle. “ Vous sondez les Écritures, parce que vous pensez avoir en elles la vie éternelle : ce sont elles qui rendent témoignage de moi. “ (Lire Jean 5.39)

46. Parfois il suffit de sortir de son silence pour se faire comprendre à l'instar d'Esther qui est restée silencieuse sur ses origines juives, parce que son oncle lui avait interdit d'en parler !

“Esther ne fit connaître ni son peuple ni sa naissance, car Mardochée lui avait défendu d’en parler. “ (Lire Esther 2.10)

Mais au moment opportun, elle sortit de son silence et sauva son peuple de la mort. “La reine Esther répondit : si j’ai trouvé grâce à tes yeux, ô roi, et si le roi le trouve bon, accorde-moi la vie, voilà ma demande, et sauve mon peuple, voilà mon désir! Car nous sommes vendus, moi et mon peuple, pour être détruits, égorgés, anéantis. Encore si nous étions vendus pour devenir esclaves et servantes, je me tairais, mais l’ennemi ne saurait compenser le dommage fait au roi. “ (Lire Esther 7.3-4)

“Le roi Assuérus prit la parole et dit à la reine Esther : Qui est-il et où est-il celui qui se propose d’agir ainsi? Esther répondit : L’oppresseur, l’ennemi, c’est Haman, ce méchant-là! Haman fut saisi de terreur en présence du roi et de la reine. “ (Lire Esther 7.5-6)

47. Il n'y a rien de mal à être riche, c'est la façon dont vous réagissez après avoir obtenu la richesse qui est le problème ! C'est pourquoi il vaudrait mieux chercher d'abord la richesse intérieure (le Saint-Esprit, les vertus chrétiennes), et si Dieu le veut, il vous donnera la richesse extérieure pour que vous puissiez en faire bon usage.

“Mais ceux qui veulent s’enrichir tombent dans la tentation, dans le piège, et dans beaucoup de désirs insensés et pernicieux qui plongent les hommes dans la ruine et la perdition. “ (Lire I Timothée 6.9)

Car la richesse extérieure sans Dieu conduit inévitablement à l’amour de l’argent, et celui-ci est très mauvais!

“Car l’amour de l’argent est une racine de tous les maux; et quelques-uns, en étant possédés, se sont égarés loin de la foi, et se sont jetés eux-mêmes dans bien des tourments. “ (Lire I Timothée 6:9-10)

48. L'ambition en soi est bonne, mais elle peut aussi devenir mauvaise ! Elle est bonne lorsque nos motivations et nos objectifs sont bons, et que nous nous sommes bien préparés aux réalités à venir ! Cependant elle devient mauvaise lorsque nos raisons sont motivées par de sombres désirs. Avec ces derniers dans le cœur, l'homme est prêt à tout pour atteindre ses fins, y compris sacrifier des vies humaines si nécessaire.

“Un cœur calme est la vie du corps, Mais l’envie est la carie des os. “ (Proverbes 14.30)

49. Pour nous adapter au plan de Dieu, nous devons abandonner nos propres plans et prendre ses plans afin les faire devenir nos plans, parce que ses projets pour nous sont des projets de paix.

“Car je connais les projets que j’ai formés sur vous, dit l’Éternel, projets de paix et non de malheur, afin de vous donner un avenir et de l’espérance. “ (Lire Jérémie 29.11)

“Il y a dans le cœur de l’homme beaucoup de projets, Mais c’est le dessein de l’Éternel qui s’accomplit. “ (Lire Proverbes 19.21)

50. Il est essentiel de connaître le plan de Dieu pour notre vie, car les gens et leurs projets échouent, mais ceux qui connaissent le plan de Dieu pour leur vie poursuivront le rêve que Dieu a mis dans leur cœur avec sérénité, car cela s’achèvera inévitablement, parce que Dieu ne ment jamais, et ne fait aucune erreur.

“Dieu n’est point un homme pour mentir, Ni fils d’un homme pour se repentir. Ce qu’il a dit, ne le fera-t-il pas? Ce qu’il a déclaré, ne l’exécutera-t-il pas? “ (Lire Nombres 23.19)

51. Faisons ce pour quoi nous sommes nés, car quels que soient les moyens qui nous ont permis d'être sur terre, nous devons avoir la ferme conviction que nous ne sommes pas le fruit du hasard ! Ainsi, chacun a quelque chose d'unique à faire sur terre. Découvrons cela, et accomplissons notre destin comme Moïse et Aaron l'ont fait.

“Il envoya Moïse, son serviteur, et Aaron, qu’il avait choisi. Ils accomplirent par son pouvoir des prodiges au milieu d’eux, Ils firent des miracles dans le pays de Cham. “ (Lire Psaume 105.26-27)

52. Il y a des situations qui peuvent nous sembler paradoxales dans la vie, alors que c'est Dieu qui le permet comme il l'a permis lorsqu'il a envoyé Moïse en Égypte en lui ordonnant d'aller libérer son peuple, alors qu'il a lui-même ajouté qu'il endurcirait le cœur du Pharaon pour qu'il ne laisse pas partir ce peuple.

“Maintenant, va, je t'enverrai auprès de Pharaon, et tu feras sortir d'Égypte mon peuple, les enfants d'Israël. “ (Lire Exode 3.10)

“L'Éternel dit à Moïse : en partant pour retourner en Égypte, vois tous les prodiges que je mets en ta main : tu les feras devant Pharaon. Et moi, j'endurcirai son cœur, et il ne laissera point aller le peuple. “ (Lire Exode 4.21)

53. Si Dieu permet n'importe quel paradoxe dans nos vies, nous devons savoir que le sens de celui-ci n'est ni plus ni moins que la manifestation de sa puissance dans nos vies, car Dieu n'est pas dans l'inutilité ! C'est ce qui arriva lorsqu'il envoya Moïse pour libérer les enfants d'Israël en Égypte, tandis que de l'autre côté, il endurcissait le cœur de Pharaon pour qu'il ne laisse pas aller le peuple.

“Toi, tu diras tout ce que je t'ordonnerai; et Aaron, ton frère, parlera à Pharaon, pour qu'il laisse aller les enfants d'Israël hors de son pays. Et moi, j'endurcirai le cœur de Pharaon, et je multiplierai mes signes et mes miracles dans le pays d'Égypte. “ (Lire Exode 7.2-3)

“Car l'Écriture dit à Pharaon : Je t'ai suscité à dessein pour montrer en toi ma puissance, et afin que mon nom soit publié par toute la terre. “ (Lire Romains 9.17).

54. Le suicide est un acte très condamnable, car aucun être humain n'a le droit de se donner la mort ! Mais ne condamnons pas si vite ceux qui font cela, parce que nous ne savons pas exactement pourquoi ils en sont arrivés là !

Si nous vivions à leur place les mêmes épreuves, les mêmes souffrances, la même honte, les mêmes douleurs, peut-être que nous l'aurions fait depuis bien longtemps !

Il est vrai qu'à première vue vous pensez que vous ne l'auriez probablement pas fait ! Mais Dieu seul sait si vous l'auriez fait ou pas ! Condamnons donc plutôt ces actes répréhensibles et non ceux qui les ont commis, car seul Dieu est le juste juge.

"Dieu est un juste juge " (Lire Psaume 7.12)

55. Parfois nous avons peur de croire à nouveau à cause de nos nombreux échecs passés au risque de ne pas réussir pour la énième fois ! Cependant, la peur n'a pas de vertu en soi, alors que le courage d'affronter l'inconnu par la foi en Dieu peut produire des miracles.

"C'est par la foi qu'Abraham offrit Isaac, lorsqu'il fut mis à l'épreuve, et qu'il offrit son fils unique, lui qui avait reçu les promesses, et à qui il avait été dit : en Isaac sera nommée pour toi une postérité. Il pensait que Dieu est puissant, même pour ressusciter les morts; aussi le recouvra-t-il par une sorte de résurrection. " (Lire Hébreux 11.17-19)

56. La peur est en chacun de nous tout comme le courage ! Le courage l'emporte sur la peur lorsque nous choisissons d'agir en dépit de la peur comme Joab l'a fait.

"Sois ferme, et montrons du courage pour notre peuple et pour les villes de notre Dieu, et que l'Éternel fasse ce qui lui semblera bon! " (Lire II Samuel 10.12)

57. Nous devons vaincre la peur de l'inconnu et avoir le courage d'agir par la foi, car souvent nous oublions les possibilités infinies que nous avons par la foi en Dieu au travers de sa puissance qui est en nous, alors que la foi n'a pas de limites, et que c'est la peur nous limite.

"Or, à celui qui peut faire, par la puissance qui agit en nous, infiniment au-delà de tout ce que nous demandons ou pensons, à lui soit la gloire " (Lire Éphésiens 3.20-21)

58. L'homme cherche l'estime, la gloire et l'élévation auprès de ses semblables par divers moyens, tandis que le meilleur moyen d'y parvenir est d'avoir un esprit humble comme le Seigneur Jésus-Christ.

"Il s'est humilié lui-même, se rendant obéissant jusqu'à la mort, même jusqu'à la mort de la croix. C'est pourquoi aussi Dieu l'a souverainement élevé, et lui a donné le nom qui est au-dessus de tout nom, afin qu'au nom de Jésus tout genou fléchisse dans les cieux, sur la terre et sous la terre, et que toute langue confesse que Jésus-Christ est Seigneur, à la gloire de Dieu le Père. " (Lire Philippiens 2:8-11)

59. Parfois l'homme a besoin d'entendre les témoignages de ses contemporains pour reprendre courage et continuer à croire, parce que lorsque le désespoir atteint son apogée dans le cœur de l'homme, il arrive que les témoignages des temps bibliques ne soient plus suffisants pour raviver sa foi en la Parole, car par sa nature incrédule, l'homme a besoin de voir pour croire, tandis que Dieu exige à celui-ci de croire pour voir ! C'est pourquoi nous avons besoin d'entendre les témoignages de nos contemporains afin de maintenir notre foi en la Parole parce que :

"La foi vient de ce qu'on entend. " (Lire Romains 10.16).

Et pour surmonter le désespoir et le découragement jusqu'à la victoire finale qui est l'enlèvement, nous avons besoin non seulement du sang de l'agneau, mais aussi de la parole des saints qui témoignent que Dieu est vivant et travaille encore aujourd'hui.

"Ils l'ont vaincu à cause du sang de l'agneau et à cause de la parole de leur témoignage" (Lire apocalypse 12 :11)

60. Pour vivre le changement que nous désirons, nous devons faire de nouveaux choix ! Car le changement commence par le choix. Alors décidons, choisissons et vivons notre changement ; et le meilleur choix qu'un homme puisse faire dans sa vie, est de choisir Jésus-Christ.

"J'en prends aujourd'hui à témoin contre vous le ciel et la terre : j'ai mis devant toi la vie et la mort, la bénédiction et la malédiction. Choisis la vie, afin que tu vives, toi et ta postérité " (Lire Deutéronome 30.19)

61. Peu importe les petits progrès que nous faisons jour après jour dans notre vie, ce sont néanmoins des changements positifs qui produiront la victoire totale ! Ne nous décourageons donc pas, mais poursuivons la lutte même si elle nous semble insignifiante

aujourd'hui, car l'avenir nous prouvera le contraire comme ce fut le cas avec le serviteur d'Elie qui ne vit qu'une petite nuée, tandis qu'Elie vit une forte pluie venir derrière cette petite nuée insignifiante.

"Et dit à son serviteur : Monte, regarde du côté de la mer. Le serviteur monta, il regarda, et dit : Il n'y a rien. Élie dit sept fois : Retourne. À la septième fois, il dit : voici un petit nuage qui s'élève de la mer, et qui est comme la paume de la main d'un homme. Élie dit : Monte, et dis à Achab : Attelle et descend, afin que la pluie ne t'arrête pas. En peu d'instants, le ciel s'obscurcit par les nuages, le vent s'établit, et il y eut une forte pluie " (Lire I Rois 18.43-45)

62. Ne méprisons pas nos faibles commencements, car aussi grand que soit le baobab, il commence toujours par une graine lorsqu'on le plante. Alors, considérons nos petites victoires, car elles nous conduisent vers des victoires plus grandes qui étonneront ceux qui méprisaient nos débuts insignifiants.

"Car ceux qui méprisaient le jour des faibles commencements se réjouiront en voyant le niveau dans la main de Zorobabel " (Lire Zacharie 4.10)

63. La colère est un sentiment sombre qui nous fait rater les merveilles de la vie quand nous la laissons-nous envahir.

Par conséquent, lorsque nous sentons qu'elle s'élève, ne la retenons pas en la nourrissant de pensées négatives, mais faisons de notre mieux pour penser à autre chose jusqu'à ce que nous soyons calmes.

"Si vous vous mettez en colère, ne péchez point; que le soleil ne se couche pas sur votre colère, et ne donnez pas accès au diable. " (Lire Éphésiens 4.26-27) ; "car la colère de l'homme n'accomplit pas la justice de Dieu. " (Lire Jacques 1.20);

64. La vie en communauté n'a pas toujours été facile, car il faut faire de nombreux compromis pour vivre dans une ambiance conviviale ! Cependant, ces compromis ne

doivent en aucun cas être contraires à la parole de Dieu, car il vaut mieux plaire à Dieu qu'aux hommes.

“Mais, selon que Dieu nous a jugés dignes de nous confier l’Évangile, ainsi nous parlons, non comme pour plaire à des hommes, mais pour plaire à Dieu, qui sonde nos cœurs. “ (Lire I Thessaloniciens 2.4)

“Et maintenant, est-ce la faveur des hommes que je désire, ou celle de Dieu? Est-ce que je cherche à plaire aux hommes? Si je plaisais encore aux hommes, je ne serais pas serviteur de Christ. “ (Lire Galates 1.10)

65. Si vous voulez que Dieu vous accorde ce que votre cœur désire, et que vous voulez aussi réussir dans tout ce que vous faites, mettez Dieu au premier plan de votre vie quoi qu'il arrive, en faisant de lui votre plaisir et en méditant sur sa parole jour et nuit.

“Fais de l’Éternel tes délices, Et il te donnera ce que ton cœur désire. “ (Lire Psaume 37.4)

“Que ce livre de la loi ne s’éloigne point de ta bouche; médite-le jour et nuit, pour agir fidèlement selon tout ce qui y est écrit; car c’est alors que tu auras du succès dans tes entreprises, c’est alors que tu réussiras. “ (Lire Josué 1.8)

66. Attendre de très bonnes nouvelles et recevoir de très mauvaises nouvelles après avoir tout perdu conduit l'homme à des comportements atroces et inhumains, où à la folie, voire au suicide, car c'est une déception très profonde dont il ne s’y attendait pas !

Malgré la profondeur de la déception, il y a toujours une étincelle d'espérance pour tous ceux qui sont en Christ, car pour tous ceux qui vivent, il y a de l'espoir, comme le dit la Bible. Prenons donc courage et persévérons, et dans très peu de temps, cette étincelle d'espérance deviendra un feu qui brûlera profondément en nous.

“Pour tous ceux qui vivent il y a de l’espérance; et même un chien vivant vaut mieux qu’un lion mort. “ (Lire Ecclésiaste 9.4)

67. Si nous semons l'expérience aujourd'hui, nous moissonnerons l'expertise demain, car toute semence produit une moisson.

"Car, ce qu'un homme aura semé, il le moissonnera aussi. " (Lire Galate 6:7)

68. Dans la vie, il y a certaines choses que nous ne comprenons que lorsque nous les expérimentons personnellement, car sans leur expérience, notre compréhension ne sera pas capable de saisir cela comme Job qui avait dit des choses qu'il ne maîtrisait pas, et s'est repenti après les avoir vécues.

"Mon oreille avait entendu parler de toi; mais maintenant mon œil t'a vu. C'est pourquoi je me condamne et je me repens sur la poussière et sur la cendre. " (Lire Job 42.5-6)

"Quel est celui qui a la folie d'obscurcir mes desseins? -Oui, j'ai parlé, sans les comprendre, de merveilles qui me dépassent et que je ne conçois pas. " (Lire Job 42.3)

69. Quand dans notre parcours de vie nous ne parvenons plus à comprendre ce qui nous arrive, c'est là que nous devons croire ! Car il y a certaines choses que nous comprendrons juste après avoir cru, et d'autres que nous ne comprendrons jamais comme Marthe qui croyait en Jésus malgré qu'elle ne comprenait pas comment son frère Lazare allait ressusciter.

"Jésus lui dit : ton frère ressuscitera. Je sais, lui répondit Marthe, qu'il ressuscitera à la résurrection, au dernier jour. Jésus lui dit : Je suis la résurrection et la vie. Celui qui croit en moi vivra, quand même il serait mort; et quiconque vit et croit en moi ne mourra jamais. Crois-tu cela? Elle lui dit : Oui, Seigneur, je crois que tu es le Christ, le Fils de Dieu, qui devait venir dans le monde. " (Lire Jean 11.23-27)

70. Avant de nous bénir, Dieu forge en nous le caractère que cette bénédiction exige à travers diverses épreuves, car si nous n'avons pas de caractère, l'adversité qui viendra après cette bénédiction sera la cause de notre perte, parce que le Dieu qui donne la prospérité est aussi le même Dieu qui crée l'adversité.

“Je forme la lumière, et je crée les ténèbres, Je donne la prospérité, et je crée l’adversité; Moi, l’Éternel, je fais toutes ces choses. “ (Lire Ésaïe 45.7)

Or, dans l'adversité, il est facile pour un homme qui n'a pas de caractère de dériver, alors que Dieu ne veut pas perdre ses enfants ! C'est pourquoi, Dieu commence tout d’abord par former en nous le caractère requis par la bénédiction que nous désirons avant de nous bénir, car sa bénédiction n'est en aucun cas suivie de chagrin.

“C’est la bénédiction de l’Éternel qui enrichit, et il ne la fait suivre d’aucun chagrin. “ (Lire Proverbes 10.22)

71. Ce qui fait notre joie après avoir réussi, ce n’est pas seulement la réussite finale, mais aussi le parcours parsemé d’embûches que nous avons pu surmonter jusqu’à atteindre la réussite!

“J’ai combattu le bon combat, j’ai achevé la course, j’ai gardé la foi. “ (Lire II Timothée 4.7)

72. Dieu a la capacité de ne plus jamais se souvenir de nos péchés, à condition que nous puissions accepter l'œuvre de la croix et que nous nous repentions sincèrement, car il mettra cela au fond de la mer de l'oubli ; autrement dit, nos péchés n'existeront plus dans la mémoire éternelle de Dieu si nous remplissons ses conditions.

“Quel Dieu est semblable à toi, qui pardonne l’iniquité, qui oublies les péchés du reste de ton héritage? Il ne garde pas sa colère à toujours, car il prend plaisir à la miséricorde. Il aura encore compassion de nous, Il mettra sous ses pieds nos iniquités; Tu jetteras au fond de la mer tous leurs péchés. “ (Lire Michée 7:18-19)

73. Parfois les plus grands succès de la vie commencent par des erreurs, à l’instar de l'homme selon le cœur de Dieu (David) ; il a commis un péché en prenant la femme de son serviteur, tout en assassinant ce dernier ! Curieusement, c'est à partir de cette relation que naquit l'homme le plus sage qui n'avait jamais été : Salomon. Cela ne signifie pas que

nous devions commettre des erreurs expressément en espérant qu'elles se transformeront en succès.

“David fit demander qui était cette femme, et on lui dit : N’est-ce pas Bath Schéba, fille d’Éliam, femme d’Urie, le Héthien? Et David envoya des gens pour la chercher. Elle vint vers lui, et il coucha avec elle. Après s’être purifiée de sa souillure, elle retourna dans sa maison. “ (Lire II Samuel 11.3-4)

“La femme d’Urie apprit que son mari était mort, et elle pleura son mari. Quand le deuil fut passé, David l’envoya chercher et la recueillit dans sa maison. Elle devint sa femme, et lui enfanta un fils. Ce que David avait fait déplut à l’Éternel. “ (Lire II Samuel 11.26)

“Le septième jour, l’enfant mourut. “ (II Samuel 12.18); “David consola Bath Schéba, sa femme, et il alla auprès d’elle et coucha avec elle. Elle enfanta un fils qu’il appela Salomon, et qui fut aimé de l’Éternel. “ (Lire II Samuel 12.24)

74. Le passé a fait de vous ce que vous êtes aujourd'hui, il ne doit pas devenir une prison ou un fardeau pour vous, car avec le Christ, peu importe le passé de l'homme, tout est nouveau dans sa vie, car il est une créature nouvelle.

“Si quelqu’un est en Christ, il est une nouvelle créature. Les choses anciennes sont passées; voici, toutes choses sont devenues nouvelles. “ (Lire II Corinthiens 5.17)

“Ne pensez plus aux événements passés, Et ne considérez plus ce qui est ancien. Voici, je vais faire une chose nouvelle, sur le point d’arriver : Ne la connaîtrez-vous pas? “ (Lire Ésaïe 43.18-19)

75. En tant que chrétiens, nous devons nous glorifier lorsque notre conscience nous atteste que notre conduite est bonne devant Dieu et devant les hommes, et pas seulement lorsque les hommes témoignent de notre bonne conduite, car les hypocrites reçoivent aussi les témoignages des hommes, alors que dans leur conscience, ils savent qu'ils sont hypocrites.

“Je dis la vérité en Christ, je ne mens point, ma conscience m’en rend témoignage par le Saint Esprit “ (Lire Romains 9.1) ;

“Le but du commandement, c’est une charité venant d’un cœur pur, d’une bonne conscience, et d’une foi sincère. “ (Lire I Timothée 1.5)

“Car ce qui fait notre gloire, c’est ce témoignage de notre conscience, que nous nous sommes conduits dans le monde, et surtout à votre égard, avec sainteté et pureté devant Dieu, non point avec une sagesse charnelle, mais avec la grâce de Dieu. “ (Lire II Corinthiens 1.12)

76. Le choix divin n'est rien d'autre que la manifestation d'un amour inconditionnel, car personne n'est digne de rien par lui-même pour être le choix Dieu ! C'est pourquoi soyons toujours humbles parce que nous n'avons rien de plus que les autres, car certains se conduisent mieux que nous, mais l’élection divine a fait que nous soyons le choix de divin.

“Selon qu’il est écrit: J’ai aimé Jacob Et j’ai haï Esaü. Que dirons-nous donc? Y a-t-il en Dieu de l’injustice? Loin de là! Car il dit à Moïse: Je ferai miséricorde à qui je fais miséricorde, et j’aurai compassion de qui j’ai compassion. Ainsi donc, cela ne dépend ni de celui qui veut, ni de celui qui court, mais de Dieu qui fait miséricorde. “ (Lire Romains9:13-16)

77. Dieu choisit les rebuts du monde pour en faire des élites, afin de confondre le monde.

“Mais Dieu a choisi les choses folles du monde pour confondre les sages; Dieu a choisi les choses faibles du monde pour confondre les fortes “ (Lire 1Corinth 1:27).

78. Tout être humain doit rendre grâce à Dieu pour ce qu'Il est, et pour ce qu'Il fait, car depuis notre conception dans le sein maternel, notre maturation, notre maturité, notre naissance sur terre, notre enfance, notre adolescence, notre vie d'adulte et jusqu'à cette seconde, beaucoup ne sont plus de ce monde, mais nous y sommes par grâce divine.

“C’est toi qui as formé mes reins, qui m’as tissé dans le sein de ma mère. Je te loue de ce que je suis une créature si merveilleuse. Tes œuvres sont admirables, et mon âme le reconnaît bien. Mon corps n’était point caché devant toi, Lorsque j’ai été fait dans un lieu secret, tissé dans les profondeurs de la terre. Quand je n'étais qu'une masse informe, tes yeux me voyaient; et sur ton livre étaient tous inscrits Les jours qui m'étaient destinés, Avant qu'aucun d'eux n'existât. " (Lire Psaume 139.13-16)

"Éternel, qu'est-ce que l'homme, pour que tu le connaisses? Le fils de l'homme, pour que tu prennes garde à lui? " (Lire Psaume 144.3)

79. Quand quelqu'un a fait ses preuves, il est facile de croire en lui ! C'est pourquoi, même en cas d'échec, nous devons croire aux promesses de Dieu, car sa réputation a été rehaussée par la preuve de sa fidélité à tenir ses promesses.

"Je célèbre ton nom, à cause de ta bonté et de ta fidélité, car ta renommée s'est accrue par l'accomplissement de tes promesses. " (Lire Psaume 138:2)

80. Le jour de notre anniversaire, nous devons rendre grâce au Seigneur Jésus-Christ pour l'année supplémentaire qu'Il ajoute à notre vie, et aussi remercier notre très chère mère si elle est encore en vie, car nous n'avons aucun souvenir de notre naissance, tandis qu'elle en a, parce que c'est elle qui était en travail ce jour-là!

Si elle n'est plus de ce monde, rendons simplement grâce à Dieu pour ce qu'elle a fait pour nous ce jour-là, car ce n'était pas facile pour elle, parce qu'elle a dû crier, et verser des larmes pour nous faire voir le soleil.

"Car j'entends des cris comme ceux d'une femme en travail, des cris d'angoisse comme dans un premier enfantement. " (Lire Jérémie 4.31)

81. Suis-je capable ? Oui. Est-ce possible ? Oui. Car tout m'est possible parce que j'y crois.

"Jésus lui dit : si tu peux!... Tout est possible à celui qui croit. " (Lire Marc 9.23)

C'est pourquoi, "Je puis tout par celui qui me fortifie. "(Lire Philippiens 4.13)

82. La prudence ne doit pas être excessive jusqu'à ce qu'elle devienne un frein à notre positivité et à notre optimisme, parce qu'il ne s'agit que de prévention et non de certitude absolue, car c'est la parole qui nous recommande d'agir avec connaissance.

"Tout homme prudent agit avec connaissance. " (Lire Proverbes 13.16)

83. Chacun peut devenir une légende en Christ pour la gloire de Dieu avec l'histoire de sa propre vie comme ce fut le cas des héros de la foi décrit dans la Bible.

"Et que dirai-je encore? Car le temps me manquerait pour parler de Gédéon, de Barak, de Samson, de Jephté, de David, de Samuel, et des prophètes, qui, par la foi, vainquirent des royaumes, exercèrent la justice, obtinrent des promesses, fermèrent la gueule des lions, éteignirent la puissance du feu, échappèrent au tranchant de l'épée, guérirent de Leurs maladies, furent vaillants à la guerre, mirent en fuite des armées étrangères. " (Lire Hébreux 11.32-34)

84. Osons faire la différence avec Jésus-Christ, car c'est possible

"Et vous verrez de nouveau la différence entre le juste et le méchant, entre celui qui sert Dieu et celui qui ne le sert pas. " (Lire Malachie 3.18)

85. La lassitude est parfois la cause de certains des mauvais choix que nous faisons dans notre vie, car sans cette pression psychologique, nous n'aurions probablement jamais fait ces choix regrettables !

C'est pourquoi demandons à Dieu de nous donner la force nécessaire pour ne pas céder à la pression psychologique qui nous donne ce sentiment d'en avoir assez, afin que nous ne fassions pas de mauvais choix comme Samson qui a décidé de révéler son secret à Délila en suivant ses demandes.

"Comme elle était chaque jour à le tourmenter et à l'importuner par ses instances, son âme s'impatienta à la mort, il lui ouvrit tout son cœur, et lui dit : le rasoir n'a point passé sur ma tête, parce que je suis consacré à Dieu dès le ventre de ma mère. Si j'étais rasé, ma force m'abandonnerait, je deviendrais faible, et je serais comme tout autre homme. " (Lire Juges 16.16-17)

86. Si nous ne faisons pas la paix avec notre passé, nous vivrons notre présent avec des blessures intérieures qui causeront de l'amertume dans le futur. Faisons donc la paix avec notre passé comme Jacob l'a fait en acceptant d'aller rencontrer son frère Ésaü dont il a volé la bénédiction.

"Jacob leva les yeux, et regarda; et voici, Ésaü arrivait, avec quatre cents hommes. Il répartit les enfants entre Léa, Rachel, et les deux servantes. " (Lire Genèse 33.1)

"Lui-même passa devant eux; et il se prosterna en terre sept fois, jusqu'à ce qu'il fût près de son frère. Ésaü courut à sa rencontre; il l'embrassa, se jeta à son cou, et le baisa. Et ils pleurèrent. " (Lire Genèse 33.3-4)

"Et Jacob répondit : non, je te prie, si j'ai trouvé grâce à tes yeux, accepte de ma main mon présent; car c'est pour cela que j'ai regardé ta face comme on regarde la face de Dieu, et tu m'as accueilli favorablement. " (Lire Genèse 33.10)

87. Chaque partenaire chrétien dans un couple avec un non chrétien, a la responsabilité spirituelle de prier pour son (sa) conjoint (e), afin de le (la) sauvé (e).

"Car que sais-tu, femme, si tu sauveras ton mari? Ou que sais-tu, mari, si tu sauveras ta femme? " (Lire 1 Corinthiens 7.16)

88. De nos jours, dans le contexte des réseaux sociaux, le chrétien cherche à paraître et non à être, car pour certains, c'est le monde des apparences ; cela ne devrait pas être ainsi.

"Ils ont, à la vérité, une apparence de sagesse, en ce qu'ils indiquent un culte volontaire, de l'humilité, et le mépris du corps, mais ils sont sans aucun mérite et contribuent à la satisfaction de la chair. " (Lire Colossiens 2.23)

"Ayant l'apparence de la piété, mais reniant ce qui en fait la force. Éloignes-toi de ces hommes-là. " (Lire II Timothée 3.5)

89. Crois encore malgré la déception comme Abraham crut contre toute espérance, et reçut l'accomplissement de la promesse de Dieu.

“Espérant contre toute espérance, il crut, en sorte qu'il devint père d'un grand nombre de nations, selon ce qui lui avait été dit : Telle sera ta postérité. Et, sans faiblir dans la foi, il ne considéra point que son corps fût déjà usé, puisqu'il avait près de cent ans, et que Sara n'était plus en état d'avoir des enfants. “ (Lire Romains 4.18-19)

“Il ne douta point, par incrédulité, au sujet de la promesse de Dieu; mais il fut fortifié par la foi, donnant gloire à Dieu, et ayant la pleine conviction que ce qu'il promet il peut aussi l'accomplir. “ (Lire Romains 4.20-21)

90. N'attendons pas que notre victoire soit évidente pour la confesser et être heureux, mais soyons déjà heureux et manifestons cela par notre confession avant le combat, comme David devant Goliath, et nous aurons plus de courage et de motivation dans le combat.

“David dit au Philistin : Tu marches contre moi avec l'épée, la lance et le javelot; et moi, je marche contre toi au nom de l'Éternel des armées, du Dieu de l'armée d'Israël, que tu as insultée. Aujourd'hui l'Éternel te livrera entre mes mains, je t'abattrai et je te couperai la tête; aujourd'hui je donnerai les cadavres du camp des Philistins aux oiseaux du ciel et aux animaux de la terre. Et toute la terre saura qu'Israël a un Dieu. Et toute cette multitude saura que ce n'est ni par l'épée ni par la lance que l'Éternel sauve. Car la victoire appartient à l'Éternel. Et il vous livre entre nos mains. “ (Lire I Samuel 17.45-47)

“Il me délivre de toute détresse, et mes yeux se réjouissent à la vue de mes ennemis. “(Lire Psaume 54.9)

91. Quand la motivation pour le Christ est absente chez l'homme, quel que soit son succès dans la vie, le résultat final sera nul, à l'instar du jeune homme riche de la Bible qui est revenu tout triste à cause des paroles du Christ parce qu'il a réussi dans sa vie, mais qui n'avait pas assez de motivation pour suivre le Seigneur Jésus-Christ.

“Jésus lui dit : si tu veux être parfait, va, vends ce que tu possèdes, donne-le aux pauvres, et tu auras un trésor dans le ciel. Puis viens, et suis-moi. Après avoir entendu ces paroles, le jeune homme s’en alla tout triste; car il avait de grands biens. “ (Lire Matthieu 19.21-22)

92. Cherchons à vivre en harmonie dans nos affinités mutuelles, et non en concurrence, car la concurrence présuppose qu'il existe une quelconque compétition entre nous, alors que la recherche d'harmonie contribue à la paix mutuelle.

“Ainsi donc, recherchons ce qui contribue à la paix et à l’édification mutuelle. “ (Lire Romains 14.19)

93. Il est facile pour l’homme de voir les fautes des autres, et très difficile de voir ses propres fautes. Or, il se pourrait que nos fautes soient plus graves que ceux des autres ! C’est pourquoi la parole nous enseigne ceci:

“Pourquoi vois-tu la paille qui est dans l’œil de ton frère, et n’aperçois-tu pas la poutre qui est dans ton œil? Ou comment peux-tu dire à ton frère : Frère, laisse-moi ôter la paille qui est dans ton œil, toi qui ne vois pas la poutre qui est dans le tien? Hypocrite, ôte premièrement la poutre de ton œil, et alors tu verras comment ôter la paille qui est dans l’œil de ton frère “. (Lire Luc 6.41-42)

94. Il n'est pas toujours facile d'obéir, mais dans la vie, il faut parfois savoir ranger son orgueil pour réussir, car :

“L’arrogance précède la ruine, et l’orgueil précède la chute et l’humilité précède la gloire. “ (Lire Proverbes 16.18 et Proverbes 15.33)

95. Il nous arrive parfois d’avoir de nobles désirs qui brûlent en nous sans avoir le pouvoir de les satisfaire ! C’est pourquoi la parole dit ceci :

“Ce qui est bon, je le sais, n’habite pas en moi, c’est-à-dire dans ma chair : j’ai la volonté, mais non le pouvoir de faire le bien. “ (Lire Romains 7.18)

96. L'insatisfaction de l'âme pousse l'homme à toujours vouloir chercher à combler cette soif insatiable avec les choses du monde ! Or, c'est une soif pure que le diable exploite en la pervertissant, car la portion qui satisfait pleinement l'âme, c'est Dieu lui-même.

"Comme une biche soupire après des courants d'eau, Ainsi mon âme soupire après toi, ô Dieu! " (Lire Psaume 42.2).

"Mon âme à soif de Dieu, du Dieu vivant. " (Lire Psaume 42.3)

97. Il y a des jours où nous avons l'impression que le monde marche à reculons à cause de certains des problèmes auxquels nous sommes confrontés dans nos vies ! Heureusement, ce n'est qu'une simple impression et non la réalité, car si c'était le cas, il n'y aurait pas d'ordre dans l'univers !

Alors il n'y a pas de quoi s'inquiéter, car cela passera, parce que Dieu s'en occupera et que nous en sortirons victorieux, parce qu'Il a promis de ne pas se taire jusqu'à ce que notre salut apparaisse. C'est pourquoi comptons sur ses promesses infaillibles et cessons de nous inquiéter.

"Pour l'amour de Sion je ne me tairai point, pour l'amour de Jérusalem je ne prendrai point de repos, Jusqu'à ce que son salut paraisse, comme l'aurore, et sa délivrance, comme un flambeau qui s'allume. Alors les nations verront ton salut, Et tous les rois ta gloire " (Lire Ésaïe 62.1-2)

98. Malgré nos nombreux efforts, parfois tout semble aller de travers à un tel point que nous pouvons dire : Ça ne marchera jamais, et il vaudrait mieux s'arrêter !

N'écoutons pas cette voix parce que c'est un mensonge, mais persévérons avec le Seigneur et les choses finiront par s'arranger comme elles l'étaient pour Daniel qui a servi Dieu avec persévérance, et malgré cela, il a été jeté dans la fosse aux lions à cause de Dieu ; et Dieu a changé les circonstances en sa faveur.

"En s'approchant de la fosse, il appela Daniel d'une voix triste. Le roi prit la parole et dit à Daniel : Daniel, serviteur du Dieu vivant, ton Dieu, que tu sers avec persévérance, a-t-il pu te délivrer des lions? Et Daniel dit au roi : Roi, vis éternellement! “ (Lire Daniel 6.20-21)

“Mon Dieu a envoyé son ange et fermé la gueule des lions, qui ne m’ont fait aucun mal, parce que j’ai été trouvé innocent devant lui; et devant toi non plus, ô roi, je n’ai rien fait de mauvais. Alors le roi fut très joyeux, et il ordonna qu’on fît sortir Daniel de la fosse. Daniel fut retiré de la fosse, et on ne trouva sur lui aucune blessure, parce qu’il avait eu confiance en son Dieu. “ (Lire Daniel 6.22-23)

99. Il nous arrive parfois de faire le mal que nous ne voulions réellement pas faire, mais suite à notre faiblesse humaine, nous le commettons ! Nous devons savoir que rien n’est perdu, car il nous est possible de nous relever parce que la chute n’est pas une fin en soi ! Il y a toujours un moyen par la grâce de Dieu pour quiconque à de la bonne volonté.

“Si vous avez de la bonne volonté et si vous êtes dociles, Vous mangerez les meilleures productions du pays “ (Lire Ésaïe 1.19)

Car “La bonne volonté, quand elle existe, est agréable en raison de ce qu’elle peut avoir à sa disposition, et non de ce qu’elle n’a pas. “ (Lire II Corinthiens 8.12)

100. Oui, c’est difficile, et très difficile! Mais c’est possible ! Alors, accrochez-vous à la foi en Jésus-Christ pour vivre les possibilités infinies de Dieu dans votre vie, car c’est réellement possible.

“Jésus lui dit : Si tu peux!... Tout est possible à celui qui croit. “ (Lire Marc 9.23)

101. Parfois nous nous défoulons sur des gens qui n'ont rien à voir avec nos problèmes! Ils sont tombés au mauvais moment ! Il suffit qu'ils ne fassent qu'une seule chose qui nous déplaît pour nous faire sentir mal !

Cependant, ce n'est pas eux qui posent problème, c'est nous ! Car nous étions sous pression bien avant, et quand un homme est sous pression, les nerfs sont tendus et la colère se manifeste à la moindre contrainte pour produit à son tour des querelles.

“Car la pression du lait produit de la crème, La pression du nez produit du sang, et la pression de la colère produit des querelles “ (Lire Proverbes 30.33)

Cela ne devrait pas être ainsi pour nous qui sommes chrétiens, car le chrétien se repose de tous ses fardeaux (problèmes, soucis etc.) en confiant cela au Seigneur Jésus-Christ comme lui-même l’a déclaré.

“Venez à moi, vous tous qui êtes fatigués et chargés, et je vous donnerai du repos. Prenez mon joug sur vous et recevez mes instructions, car je suis doux et humble de cœur; et vous trouverez du repos pour vos âmes. “ (Lire Matthieu 11.28-29)

102. Parfois la réalité apparente nous empêche de faire des choses qui peuvent être faites par courage et sans crainte de l'inconnu comme les quatre lépreux qui ont agi avec courage et ont été sauvés de la famine.

“Il y avait à l’entrée de la porte quatre lépreux, qui se dirent l’un à l’autre : quoi! Resterons-nous ici jusqu’à ce que nous mourions? Si nous songeons à entrer dans la ville, la famine est dans la ville, et nous y mourrons; et si nous restons ici, nous mourrons également. Allons-nous jeter dans le camp des Syriens; s’ils nous laissent vivre, nous vivrons et s’ils nous font mourir, nous mourrons. Ils partirent donc au crépuscule, pour se rendre au camp des Syriens; et lorsqu’ils furent arrivés à l’entrée du camp des Syriens, voici, il n’y avait personne. “ (Lire II Rois 7.3-5)

“Les lépreux, étant arrivés à l’entrée du camp, pénétrèrent dans une tente, mangèrent et burent, et en emportèrent de l’argent, de l’or, et des vêtements, qu’ils allèrent cacher. Ils revinrent, pénétrèrent dans une autre tente, et en emportèrent des objets qu’ils allèrent cacher. “ (Lire II Rois 7.8)

103. La grâce n’est pas un prétexte pour justifier l’inconduite comme certains le font ! Le fait de penser ainsi est l’une des ruses du diable envers les enfants de Dieu.

“Quoi donc! Pécherions-nous, parce que nous sommes, non sous la loi, mais sous la grâce? Loin de là! Ne savez-vous pas qu’en vous livrant à quelqu’un comme esclaves pour lui obéir, vous êtes esclaves de celui à qui vous obéissez, soit du péché qui conduit à la mort, soit de l'obéissance qui conduit à la justice? " (Lire Romains 6.15-16)

104. Parfois dans la vie nous devons donner le peu qui nous reste pour recevoir l'abondance comme la veuve de Sarepta l'a fait avec le prophète Elie.

"Il se leva, et il alla à Sarepta. Comme il arrivait à l'entrée de la ville, voici, il y avait là une femme veuve qui ramassait du bois. Il l'appela, et dit : va me chercher, je te prie, un peu d'eau dans un vase, afin que je boive. Et elle alla en chercher. Il l'appela de nouveau, et dit : Apporte-moi, je te prie, un morceau de pain dans ta main. " (Lire I Rois 17.10-11)

"Et elle répondit : L'Éternel, ton Dieu, est vivant! je n'ai rien de cuit, je n'ai qu'une poignée de farine dans un pot et un peu d'huile dans une cruche. Et voici, je ramasse deux morceaux de bois, puis je rentrerai et je préparerai cela pour moi et pour mon fils; nous mangerons, après quoi nous mourrons. Élie lui dit : Ne crains point, rentre, fais comme tu as dit. Seulement, prépare-moi d'abord avec cela un petit gâteau, et tu me l'apporteras; tu en feras ensuite pour toi et pour ton fils. " (Lire I Rois 17.12-13)

"Car ainsi parle l'Éternel, le Dieu d'Israël : La farine qui est dans le pot ne manquera point et l'huile qui est dans la cruche ne diminuera point, jusqu'au jour où l'Éternel fera tomber de la pluie sur la face du sol. " (Lire I Rois 17.14)

"Elle alla, et elle fit selon la parole d'Élie. Et pendant longtemps elle eut de quoi manger, elle et sa famille, aussi bien qu'Élie. La farine qui était dans le pot ne manqua point, et l'huile qui était dans la cruche ne diminua point, selon la parole que l'Éternel avait prononcée par Élie. " (Lire I Rois 17.15-16)

105. La connaissance est une bonne chose mais, la soif excessive de connaissance est nuisible car, tout excès nuit.

"Car avec beaucoup de sagesse on a beaucoup de chagrin, et celui qui augmente sa science augmente sa douleur. " (Lire Ecclésiaste 1.18)

C’est pourquoi éloignons-nous de toute soif excessive de connaissance, et “marchons honnêtement, comme en plein jour, loin des excès “ (Lire : Romains 13.13), afin d’être modéré dans notre conduite.

“Exhorte de même les jeunes gens à être modérés “ (Lire Tite 2.6)

106. Il est préférable de travailler de façon intelligente plutôt que de manière difficile et sans perspicacité, car un homme est apprécié pour son intelligence et non pour son dur labeur qui peut ne pas donner de bons résultats.

“Un homme est estimé en raison de son intelligence… “ (Lire Proverbes 12 :8)

107. Le plus grand optimiste peut devenir le pire des pessimistes lorsque l’épreuve perdure et qu’au final, il ne s’en est pas sorti, tout comme celui qui a une grande foi peut devenir le pire des incrédules lorsque sa foi est mal placée, comme ce fut le cas du patriarche Abraham.

Abraham crut fortement à la promesse de Dieu, mais, plus le temps passait, il perdit sa foi jusqu’à devenir incrédule et se mettre à rire dans son cœur lorsque Dieu lui rappela qu’il aura un fils avec Sara sa femme, car il ne croyait plus en la promesse de Dieu, c’est pourquoi il se contentait d’Ismaël tandis que c’est lui le père de la foi.

“Dieu dit à Abraham : Tu ne donneras plus à Saraï, ta femme, le nom de Saraï; mais son nom sera Sara. Je la bénirai, et je te donnerai d’elle un fils; je la bénirai, et elle deviendra des nations; des rois de peuples sortiront d’elle. Abraham tomba sur sa face; il rit, et dit en son cœur : Naîtrait-il un fils à un homme de cent ans? Et Sara, âgée de quatre-vingt-dix ans, enfanterait-elle? Et Abraham dit à Dieu : Oh! Qu’Ismaël vive devant ta face! “ (Lire Genèse 17.15-18)

Mais, grâce à Dieu il reprit foi en la promesse, et devint le père d’un grand nombre de nation. “Espérant contre toute espérance, il crut, en sorte qu’il devint père d’un grand nombre de nations, selon ce qui lui avait été dit : Telle sera ta postérité. “ (Lire Romains 4.18)

“Et, sans faiblir dans la foi, il ne considéra point que son corps était déjà usé, puisqu’il avait près de cent ans, et que Sara n’était plus en état d’avoir des enfants. Il ne douta point, par incrédulité, au sujet de la promesse de Dieu; mais il fut fortifié par la foi, donnant gloire à Dieu, et ayant la pleine conviction que ce qu’il promet il peut aussi l’accomplir. “ (Lire Romains 4.19-21)

108. Lorsqu’il nous faut nous défaire d’une addiction, il y a toujours cette ambivalence en nous! D’un côté, il y a les avantages de ce à quoi nous nous accrochons, de l’autre côté, il y a une vie dépourvue de cette dépendance!

“Ce qui est bon, je le sais, n’habite pas en moi, c’est-à-dire dans ma chair : j’ai la volonté, mais non le pouvoir de faire le bien. Car je ne fais pas le bien que je veux, et je fais le mal que je ne veux pas. “ (Lire Romains 7.18-19)

Ce que nous devons faire, c'est souligner les raisons pour lesquelles nous devons mettre fin à cette dépendance, car ces raisons seront le carburant de notre motivation à aller jusqu'au bout du processus, parce que même le Seigneur a motivé les enfants d'Israël en leur donnant les raisons pour mettre sa parole en pratique, afin que celles-ci soient le carburant de leur motivation à agir correctement.

“Si tu obéis à la voix de l’Éternel, ton Dieu, en observant et en mettant en pratique tous ses commandements que je te prescris aujourd’hui, l’Éternel, ton Dieu, te donnera la supériorité sur toutes les nations de la terre. “ (Lire Deutéronome 28.1)

“Mais si tu n’obéis point à la voix de l’Éternel, ton Dieu, si tu n’observes pas et ne mets pas en pratique tous ses commandements et toutes ses lois que je te prescris aujourd’hui, voici toutes les malédictions qui viendront sur toi et qui seront ton partage “ (Lire Deutéronome 28.15)

109. Quelquefois le créateur permet que nous frôlions des désastres dans nos vies, pour que nous soyons la consolation de quelqu’un quelque part qui traverse les mêmes

désastres ! Soyons donc toujours positifs malgré les mésaventures de la vie, car cela peut être la consolation d'une autre personne.

“Si nous sommes affligés, c’est pour votre consolation et pour votre salut; si nous sommes consolés, c’est pour votre consolation, qui se réalise par la patience à supporter les mêmes souffrances que nous endurons. Et notre espérance à votre égard est ferme, parce que nous savons que, si vous avez part aux souffrances, vous avez part aussi à la consolation. “ (Lire II Corinthiens 1.6-7)

110. Lorsque la grâce est foulée aux pieds, il ne reste plus que le jugement ! C’est pourquoi, recevons réellement la grâce de Dieu qui est source de notre salut comme grâce venant de Dieu

“Car la grâce de Dieu, source de salut pour tous les hommes, a été manifestée. Elle nous enseigne à renoncer à l’impiété et aux convoitises mondaines, et à vivre dans le siècle présent selon la sagesse, la justice et la piété, en attendant la bienheureuse espérance, et la manifestation de la gloire du grand Dieu et de notre Sauveur Jésus-Christ “ (Lire Tite 2.11-13)

“Puisque nous travaillons avec Dieu, nous vous exhortons à ne pas recevoir la grâce de Dieu en vain. “ (Lire II Corinthiens 6.1)

111. Lequel d'entre nous aimerait vivre dans la souffrance ? Je ne pense pas que quelqu'un lèvera le petit doigt ! Cependant dans nos vies, il y a des souffrances à travers lesquelles nous sommes forcés de passer pour atteindre notre gloire. Par conséquent, armons-nous de la pensée de la souffrance dans la chair, car elle sera une préparation mentale aux défis futurs de la vie.

“Ainsi donc, Christ ayant souffert dans la chair, vous aussi armez-vous de la même pensée. Car celui qui a souffert dans la chair en a fini avec le péché, afin de vivre, non plus selon les convoitises des hommes, mais selon la volonté de Dieu, pendant le temps qui lui reste à vivre dans la chair. “ (Lire I Pierre 4.1-2)

112. Nous disons tous que nous avons foi en Dieu, mais la seule façon de savoir si nous avons vraiment foi en Dieu, est de voir notre réaction quand nous sommes dans l'épreuve et la tentation, car la foi doit être éprouvée avant qu'elle soit approuvée ! Sommes-nous fermes comme Shadrac, Méschac et Abed Nego face à l'épreuve de la fournaise ardente, où allons-nous abandonner en faisant des compromis avec la parole de Dieu ? A chacun sa réponse.

“Schadrac, Méschac et Abed Nego répliquèrent au roi Nebucadnetsar : Nous n’avons pas besoin de te répondre là-dessus. Voici, notre Dieu que nous servons peut nous délivrer de la fournaise ardente, et il nous délivrera de ta main, ô roi. Simon, sache, ô roi, que nous ne servirons pas tes dieux, et que nous n’adorerons pas la statue d’or que tu as élevée. “ (Lire Daniel 3.16-18)

113. Plus le chemin de notre succès sera difficile, plus notre joie sera grande quand nous réussirons ! Ne cédons donc pas au découragement, mais soyons tenaces et persévérants jusqu'à ce que notre succès soit palpable, et nous aurons la joie de ceux qui sèment avec larmes et qui récoltent avec des chants de joie.

“Ceux qui sèment avec larmes Moissonneront avec chants d’allégresse. Celui qui marche en pleurant, quand il porte la semence, Revient avec allégresse, quand il porte ses gerbes. “ (Lire Psaume 126.5-6)

114. Ne lâchons jamais ce que nous faisons, sauf si nous sommes conscients que nous sommes sur la mauvaise voie ; en revanche, si nous sommes sûrs d'avoir pris la bonne direction, persévérons donc, et n'abandonnons jamais, mais essayons toujours encore et encore jusqu'à ce que nous réussissions, car, si nous abandonnons ce que nous faisons, nous serons frères du destructeur.

“Celui qui se relâche dans son travail Est frère de celui qui détruit. “ (Lire Proverbes 18.9) ; et nous savons que c’est le diable qui vient pour détruire. “ Le voleur ne vient que pour dérober, égorger et détruire“ (Lire Jean 10.10) ; d’où, si nous nous relâchons dans notre travail, ne devenons frères du diable.

115. La vie de l'homme ne tient qu'à un souffle ! Alors, à quoi bon d'être orgueilleux dans la vie sachant que celle-ci ne tient qu'à un souffle d'une fraction de seconde dont nous n'en sommes pas maîtres pour le retenir ?

"L'homme n'est pas maître de son souffle pour pouvoir le retenir, et il n'a aucune puissance sur le jour de la mort; il n'y a point de délivrance dans ce combat" (Lire Ecclésiaste 8.8), "Oui, tout homme est un souffle ". (Lire Psaume 39.12)

116. Il n'y a pas de métiers ridicules, il n'y a que des gens ridicules comme on dit ! N'ayons donc pas honte de faire un travail qui ne semble pas être à notre niveau social ou intellectuel pour avoir de l'argent, mais travaillons courageusement, car avec une bonne gestion financière, nous pouvons faire fortune parce que : "Tout travail procure de l'abondance " (Lire Proverbes 14.23)

117. Etes-vous né(e) de nouveau ? Cette question mérite d'être posée à chacun d'entre nous, et elle nécessite une réponse sûre et certaine tout en étant conforme à la parole de Dieu, et non une réponse tâtonnante juste pour apaiser notre conscience, car notre salut en dépend.

"Jésus lui répondit : En vérité, en vérité, je te le dis, si un homme ne naît de nouveau, il ne peut voir le royaume de Dieu. " (Lire Jean 3.3)

"Jésus répondit : En vérité, en vérité, je te le dis, si un homme ne naît d'eau et d'Esprit, il ne peut entrer dans le royaume de Dieu. " (Lire Jean 3.5)

118. Indépendamment de notre condition actuelle, de notre handicap, de nos faiblesses, de notre statut social, nous devons avoir la ferme conviction que nous avons de la valeur aux yeux de Dieu, car cela ne dépend pas de nos biens, ni de notre apparence, mais seulement de Dieu ; et tellement que nous avons du prix à Ses yeux, Dieu a décidé de Se faire chair afin de mourir sur la croix pour nous sauver.

"C'est pourquoi Christ, entrant dans le monde, dit : Tu n'as voulu ni sacrifice ni offrande, mais tu m'as formé un corps; Tu n'as agréé ni holocaustes ni sacrifices pour le péché.

Alors j'ai dit : Voici, je viens (dans le rouleau du livre il est question de moi) pour faire, ô Dieu, ta volonté. " (Lire Hébreux 10.4-7) ; "Et la parole a été faite chair " (Lire Jean 1.14)

"Parce que tu as du prix à mes yeux, Parce que tu es honoré et que je t'aime, Je donne des hommes à ta place, et des peuples pour ta vie. " (Lire Ésaïe 43.4)

119. Un jour où l'autre, chacun finit par craquer ! Il n'y a donc aucune honte à admettre devant Dieu qu'on est à bout de forces, car :

"C'est lui qui donne de la force à celui qui est las, et qui multiplie la force de celui qui n'a aucune vigueur. " (Lire Esaïe 40 : 29)

120. Le passé est passé, le présent est là, ici et maintenant, et l'avenir viendra si Dieu nous donne la vie. Il ne sert donc à rien de traîner dans le passé parce qu'il est déjà passé, ni de s'inquiéter de son avenir parce qu'il ne vous appartient pas, mais plutôt de vivre chaque instant, et de savourer chaque moment de la vie dans le Seigneur, car le temps est précieux, et vous devez en profiter tant que vous le pouvez, parce que la seconde suivante qui est le futur, deviendra le présent, puis le passé. Alors, nous devons savoir que la vie de l'homme sur terre est très courte pour qu'il perde son temps avec des futilités.

"L'homme né de la femme! Sa vie est courte, sans cesse agitée. " (Lire Job 14.1)

"Voici, tu as donné à mes jours la largeur de la main, et ma vie est comme un rien devant toi. Oui, tout homme debout n'est qu'un souffle. "(Lire Psaume 39.6)

121. Pour trouver Dieu, il y a une condition indispensable que Dieu nous impose : le chercher de tout notre cœur, car il a promis que si nous le cherchons de cette manière, il se laissera trouver par nous.

"Vous me chercherez, et vous me trouverez, si vous me cherchez de tout votre cœur. Je me laisserai trouver par vous, dit l'Éternel " (Lire Jérémie 29.13-14)

122. La réussite d'un projet dépend le plus souvent de la préparation que nous faisons en amont, grâce aux divers conseils que l'on reçoit de part et d'autre que des moyens fournis en aval.

“Les projets échouent, faute d’une assemblée qui délibère; mais ils réussissent quand il y a de nombreux conseillers. “ (Lire Proverbes 15.22)

“Les projets s’affermissent par le conseil; fais la guerre avec prudence. “ (Lire Proverbes 20.18)

123. Ne te sous-estime pas, sois plutôt confiant(e), car tu es capable par la vertu de Dieu.

“ Je puis tout par celui qui me fortifie. “ (Lire Philippiens 4.13)

124. Ton utopie peut devenir ta réalité si tu y crois fortement et tu t’impliques! C’est pourquoi devient optimiste, et crois aux possibilités infinies de Dieu qui sont en toi par la vertu de son Esprit qui peut faire au-delà de tout ce que tu peux demander ou pensé.

“Or, à celui qui peut faire, par la puissance qui agit en nous, infiniment au-delà de tout ce que nous demandons ou pensons, à lui soit la gloire “ (Lire Éphésiens 3.21)

125. Voir le positif dans le négatif qui nous submerge est bénéfique pour nous ! Cela nous évite bien des ennuis. C'est pourquoi, peu importe combien la négativité pourrit nos vies, regardons toujours les choses sous un jour positif, et nous aurons le moins de soucis possible comme le prophète Élisée qui n'a pas vu l'armée qui avait été envoyée par le décret du roi, mais qui a plutôt vu la grande armée céleste, et cela lui a rendu impossible d'avoir des ennuis pendant que Gehazi son serviteur était inquiet, car ses yeux étaient fixés sur la grande armée qui entourait la ville !

“Le roi dit : allez et voyez où il est, et je le ferai prendre. On vint lui dire : Voici, il est à Dothan. Il y envoya des chevaux, des chars et une forte troupe, qui arrivèrent de nuit et qui enveloppèrent la ville. Le serviteur de l’homme de Dieu se leva de bon matin et sortit; et voici, une troupe entourait la ville, avec des chevaux et des chars. Et le serviteur dit à l’homme de Dieu : Ah! Mon seigneur, comment ferons-nous? “ (Lire II Rois 6.13-15)

“Il répondit : ne crains point, car ceux qui sont avec nous sont en plus grand nombre que ceux qui sont avec eux. Élisée pria, et dit : Éternel, ouvre ses yeux, pour qu’il voie. Et l'Éternel ouvrit les yeux du serviteur, qui vit la montagne pleine de chevaux et de chars de feu autour d'Élisée. " (Lire II Rois 6.17)

126. C'est souvent dans les moments les plus sombres de notre vie que nous découvrons vraiment ce qui est caché au plus profond de nous, parce que lorsque les choses semblent aller bien, les instincts au plus profond de nous n'apparaissent pas. C'est quand les circonstances sont justes pour enlever ce qui est en nous que ces instincts apparaissent comme l'aurore, à l'instar du roi David qui était un très bon roi lorsque tout allait bien, et quand il a appris que la femme de son soldat était enceinte de lui, ses instincts profondément enfouis se sont manifestés.

"Cette femme devint enceinte, et elle fit dire à David : Je suis enceinte. Alors David expédia cet ordre à Joab : Envoie-moi Urie, le Héthien. Et Joab envoya Urie à David. Urie se rendit auprès de David, qui l'interrogea sur l'état de Joab, sur l'état du peuple, et sur l'état de la guerre. Puis David dit à Urie : Descends dans ta maison, et lave tes pieds. Urie sortit de la maison royale, et il fut suivi d'un présent du roi. Mais Urie se coucha à la porte de la maison royale, avec tous les serviteurs de son maître, et il ne descendit point dans sa maison. " (Lire II Samuel 11.5-9)

"Urie répondit à David : L'arche et Israël et Juda habitent sous des tentes, mon seigneur Joab et les serviteurs de mon seigneur campent en rase campagne, et moi j'entrerais dans ma maison pour manger et boire et pour coucher avec ma femme! Aussi vrai que tu es vivant et que ton âme est vivante, je ne ferai point cela. David dit à Urie : Reste ici encore aujourd'hui, et demain je te renverrai. Et Urie resta à Jérusalem ce jour-là et le lendemain. " (Lire II Samuel 11.11-13)

"David l'invita à manger et à boire en sa présence, et il l'enivra; et le soir, Urie sortit pour se mettre sur sa couche, avec les serviteurs de son maître, mais il ne descendit point dans sa maison. Le lendemain matin, David écrivit une lettre à Joab, et l'envoya par la main d'Urie. Il écrivit dans cette lettre : Placez Urie au plus fort du combat, et retirez-vous de lui, afin qu'il soit frappé et qu'il meure. Joab, en assiégeant la ville, plaça Urie à l'endroit qu'il savait défendu par de vaillants soldats. Les hommes de la ville firent une sortie et se battirent contre Joab; plusieurs tombèrent parmi le peuple, parmi les serviteurs de David, et Urie, le Héthien, fut aussi tué. " (Lire II Samuel 11.13-17)

127. L'accumulation d'épreuves infructueuses dans nos vies nous plonge dans le pessimisme pour nous noyer dans la négativité face à la vie ! Maintenant, la beauté de la chose est que dans cette noyade de négativité, il y a une bouée de sauvetage qui peut nous sortir de là, appelée : l'espérance de la gloire qui est en Christ.

"… Christ en vous, l'espérance de la gloire. " (Lire Colossiens 1.27) ;

"Nous trouvions un puissant encouragement, nous dont le seul refuge a été de saisir l'espérance qui nous était proposée. " (Lire Hébreux 6.18) ; Car "l'espérance soutient le malheureux " (Job 5.16)

Et "Cette espérance, nous la possédons comme une ancre de l'âme, sûre et solide; elle pénètre au-delà du voile " (Lire Hébreux 6.19)

128. Avoir une vision positive des choses dans notre vie, nous permettra de reproduire des choses positives comme le mouflon de Jacob reproduit à petites rayures, tacheté et incrusté parce que leurs visions ont été exposées aux branches vertes des peupliers, des amandiers et des plantes pelées.

"Jacob prit des branches vertes de peuplier, d'amandier et de platane; il y pela des bandes blanches, mettant à nu le blanc qui était sur les branches. Puis il plaça les branches, qu'il avait pelées, dans les auges, dans les abreuvoirs, sous les yeux des brebis qui venaient boire, pour qu'elles entrassent en chaleur en venant boire. Les brebis entraient en chaleur près des branches, et elles faisaient des petits rayés, tachetés et marquetés. " (Lire Genèse 30.37-39)

129. Avec un langage positif dans nos vies, et par la grâce de Dieu, nous manifesterons des choses positives, car la parole crée, comme ce fut le cas avec Moïse qui prononça simplement la parole, et les poux, les mouches et les sauterelles parurent.

“Il dit, et parurent les mouches venimeuses, Les poux sur tout leur territoire. “ (Lire Psaume 105.31) ; “Il dit, et parurent les sauterelles, Des sauterelles sans nombre, “ (Lire Psaume 105.34)

Car, “C’est du fruit de sa bouche que l’homme rassasie son corps, C’est du produit de ses lèvres qu’il se rassasie. La mort et la vie sont au pouvoir de la langue; Quiconque l’aime en mangera les fruits. “ (Lire Proverbes 18.20-21)

130. Lorsque personne ne croit en vous, où en vos rêves comme les frères de Joseph n'ont pas cru en ses rêves, ne vous inquiétez pas, ne vous découragez pas, et surtout n'écrasez pas vos propres rêves, car en agissant ainsi, ils ne se réaliseront pas ! Vous devez cependant être le premier à croire en vous, et en vos rêves, comme Joseph croyait en ses rêves, jusqu'à ce que vous les réalisiez.

“Joseph eut un songe, et il le raconta à ses frères, qui le haïrent encore davantage. “ (Lire Genèse 37.5)

“Il eut encore un autre songe, et il le raconta à ses frères. Il dit : J’ai eu encore un songe! Et voici, le soleil, la lune et onze étoiles se prosternaient devant moi. Il le raconta à son père et à ses frères. Son père le réprimanda, et lui dit : Que signifie ce songe que tu as eu? Faut-il que nous venions, moi, ta mère et tes frères, nous prosterner en terre devant toi? Ses frères eurent de l’envie contre lui, mais son père garda le souvenir de ces choses. “ (Lire Genèse 37.9-11)

“Joseph n’étant pas découragé, et n’ayant pas écrasé ses propres rêves, vit cela s’accomplir. Joseph commandait dans le pays; c’est lui qui vendait du blé à tout le peuple du pays. Les frères de Joseph vinrent, et se prosternèrent devant lui la face contre terre. Joseph vit ses frères et les reconnut… Joseph reconnut ses frères, mais eux ne le reconnurent pas. Joseph se souvint des songes qu’il avait eus à leur sujet“ (Lire Genèse 42.6-9)

131. Prends la vie du bon côté tout en tirant des leçons du côté néfaste, et avance vers ta félicité éternelle comme le roi David le fit après la mort de son fils.

“Le septième jour, l’enfant mourut. Les serviteurs de David craignaient de lui annoncer que l’enfant était mort. Car ils disaient : Voici, lorsque l’enfant vivait encore, nous lui avons parlé, et il ne nous a pas écoutés; comment oserons-nous lui dire : L’enfant est mort? Il s’affligera bien davantage. David aperçut que ses serviteurs parlaient tout bas entre eux, et il comprit que l’enfant était mort. Il dit à ses serviteurs : L’enfant est-il mort? Et ils répondirent : Il est mort. “ (Lire II Samuel 12.18-19)

“Alors David se leva de terre. Il se lava, s’oignit, et changea de vêtements; puis il alla dans la maison de l’Éternel, et se prosterna. De retour chez lui, il demanda qu’on lui servît à manger, et il mangea. Ses serviteurs lui dirent : Que signifie ce que tu fais? Tandis que l’enfant vivait, tu jeûnais et tu pleurais; et maintenant que l’enfant est mort, tu te lèves et tu manges! Il répondit : Lorsque l’enfant vivait encore, je jeûnais et je pleurais, car je disais : Qui sait si l’Éternel n’aura pas pitié de moi et si l’enfant ne vivra pas? Maintenant qu’il est mort, pourquoi jeûnerais-je? Puis-je le faire revenir? J’irai vers lui, mais il ne reviendra pas vers moi. “ (Lire II Samuel 12.20-23)

132. L'ennemi principal du changement est la résistance due à nos croyances ! Il en résulte un retard dans l'activation du processus de changement, car le changement est un processus qui est activé par le choix ! C'est pourquoi nous devons choisir le changement, bien qu'il ne se produise pas souvent comme nous le voudrions, à l’instar du général lépreux Naaman, qui a choisi le changement (guérir de la lèpre), ce qui s'est passé d'une manière contraire à ce qu'il voulait !

“Naaman vint avec ses chevaux et son char, et il s’arrêta à la porte de la maison d’Élisée. Élisée lui fit dire par un messager : Va, et lave-toi sept fois dans le Jourdain; ta chair deviendra saine, et tu seras pur. Naaman fut irrité, et il s’en alla, en disant : Voici, je me disais : Il sortira vers moi, il se présentera lui-même, il invoquera le nom de l’Éternel, son Dieu, il agitera sa main sur la place et guérira le lépreux. Les fleuves de Damas, l’Abana et le Parpar, ne valent-ils pas mieux que toutes les eaux d'Israël? Ne pourrais-je pas m'y laver et devenir pur? Et il s'en retournait et partait avec fureur. " (Lire II Rois 5.9-12)

"Mais ses serviteurs s'approchèrent pour lui parler, et ils dirent : Mon père, si le prophète t'eût demandé quelque chose de difficile, ne l'aurais-tu pas fait? Combien plus dois-tu faire ce qu'il t'a dit : Lave-toi, et tu seras pur! Il descendit alors et se plongea sept fois dans le Jourdain, selon la parole de l'homme de Dieu; et sa chair redevint comme la chair d'un jeune enfant, et il fut pur. " (Lire II Rois 5.13-14)

133. Rien ni personne ne nous séparera de l'amour de Dieu, car Dieu nous aime d'un Amour Eternel parce qu'il est lui-même amour.

"Qui nous séparera de l'amour de Christ? Sera-ce la tribulation, ou l'angoisse, ou la persécution, ou la faim, ou la nudité, ou le péril, ou l'épée? " (Lire Romains 8.35)

"Mais dans toutes ces choses nous sommes plus que vainqueurs par celui qui nous a aimés. Car j'ai l'assurance que ni la mort ni la vie, ni les anges ni les dominations, ni les choses présentes ni les choses à venir, ni les puissances, ni la hauteur, ni la profondeur, ni aucune autre créature ne pourra nous séparer de l'amour de Dieu manifesté en Jésus Christ notre Seigneur. " (Lire Romains 8.37-39)

"Je t'aime d'un amour éternel; C'est pourquoi je te conserve ma bonté. " (Lire Jérémie 31.3), "Et nous, nous avons connu l'amour que Dieu a pour nous, et nous y avons cru. Dieu est amour; et celui qui demeure dans l'amour demeure en Dieu, et Dieu demeure en lui ". (Lire I Jean 4.16)

134. Le mal est à la portée de tous, car personne n'en est épargné ! Quand il s'agit de nous, nous avons le choix entre le laisser faire ou nous battre de toutes nos forces pour le vaincre par le bien! Ainsi donc, chacun a son propre choix, mais n'oublions pas que le choix que nous ferons déterminera le type d'impact que nous aurons. C'est pourquoi, vainquons le mal par le bien pour avoir de bonnes répercussions.

“Ne te laisse pas vaincre par le mal, mais surmonte le mal par le bien. “ (Lire Romains 12.21)

135. Tout peut changer en un clin d’œil, car rien n’est immuable sur terre parce que le temps est plein de transition ! C’est pourquoi affectionnons-nous aux choses d’en haut et non à celles qui sont sur la terre.

“Affectionnez-vous aux choses d’en haut, et non à celles qui sont sur la terre. “ (Lire Colossiens 3.2)

“Faites donc mourir les membres qui sont sur la terre, l’impudicité, l’impureté, les passions, les mauvais désirs, et la cupidité, qui est une idolâtrie. “ (Lire Colossiens 3.5)

136. Les moments difficiles de notre vie sont comme des tremplins, parce qu'ils nous permettent d'avoir plus d'élan dans la vie, à l'instar de Joseph qui a rencontré l'échanson du Pharaon en prison ! C'est dans ses moments les plus difficiles que Joseph se retrouva en présence du canal prédestiné par Dieu pour le conduire au Pharaon et le propulser au poste de gouverneur d'Egypte. Gardons donc espoir dans nos moments difficiles, car ceux-ci nous élèveront plus haut dans notre vie.

“Alors le chef des échansons prit la parole, et dit à Pharaon : Je vais rappeler aujourd’hui le souvenir de ma faute. Pharaon s’était irrité contre ses serviteurs; et il m’avait fait mettre en prison dans la maison du chef des gardes, moi et le chef des panetiers. Nous eûmes l’un et l’autre un songe dans une même nuit; et chacun de nous reçut une explication en rapport avec le songe qu’il avait eu. “ (Lire Genèse 41.9-11)

“Il y avait là avec nous un jeune Hébreu, esclave du chef des gardes. Nous lui racontâmes nos songes, et il nous les expliqua. “Pharaon fit appeler Joseph. On le fit sortir en hâte de prison. Il se rasa, changea de vêtements, et se rendit vers Pharaon. Pharaon dit à Joseph : Vois, je te donne le commandement de tout le pays d’Égypte. “ (Lire Genèse 41.12 ; 41 .14 ; 41.41)

137. Faire face aux réalités de la vie n'est pas toujours facile ! D'autres se sont suicidés, d'autres deviennent très nerveux, d'autres se livrent à l'alcool, à la cigarette, à la drogue, aux plaisirs sexuels, etc. Ils le font pour ne pas affronter ces réalités, car ils sont déjà consumés par le désespoir et ne savent plus quoi faire, si ce n'est que fuir leurs propres réalités !

Or, tant que nous vivons, il y a toujours de l'espoir en Jésus-Christ, parce qu'avec lui les choses peuvent prendre une tournure différente à tout moment ! Cependant, fuir sa propre réalité n'est pas une bonne chose, car ce sont nos réalités personnelles, et personne ne les affrontera à notre place ! Alors affrontons-les avec Jésus-Christ à nos côtés, et nous serons victorieux parce que nous sommes plus que vainqueurs en lui.

“Mais dans toutes ces choses nous sommes plus que vainqueurs par celui qui nous a aimés “ (Lire Romains 8.37)

138. Si vous évoluez comme le monde, vous serez comme le monde, alors que si vous évoluez d'une manière inédite (comme un vrai chrétien), vous vous distinguerez, et vous serez l'exception qui confirme la règle.

“Vous, au contraire, vous êtes une race élue, un sacerdoce royal, une nation sainte, un peuple acquis, afin que vous annonciez les vertus de celui qui vous a appelés des ténèbres à son admirable lumière “ (Lire I Pierre 2.9)

139. Dieu désire que notre cœur lui appartienne dans sa totalité afin qu'il nous donne ce que notre cœur désire, mais nous lui donnons souvent juste une partie de celui-ci, et le reste nous le remplissons des choses du monde.

“Fais de l'Éternel tes délices, et il te donnera ce que ton cœur désire. “ (Lire Psaume 37.4)

140. Réveillons-nous, et levons-nous dans la prière, car notre salut est très proche.

“Cela importe d'autant plus que vous savez en quel temps nous sommes : c'est l'heure de vous réveiller enfin du sommeil, car maintenant le salut est plus près de nous que lorsque nous avons cru. “ (Lire Romains 13.11)

141. Aussi utopique et périlleux que paraissent nos rêves, osons de nous y mettre et d'y croire profondément tout en faisant le premier pas par la foi comme Abraham le fit lors de sa vocation.

"C'est par la foi qu'Abraham, lors de sa vocation, obéit et partit pour un lieu qu'il devait recevoir en héritage, et qu'il partit sans savoir où il allait. " (Lire Hébreux 11.8)

142. Si vous ne risquez rien vous n'aurez rien ! Alors prenez des risques par la foi comme notre patriarche Abraham prit le risque de perdre son fils unique en croyant que Dieu était capable de le ressuscité.

"C'est par la foi qu'Abraham offrit Isaac, lorsqu'il fut mis à l'épreuve, et qu'il offrit son fils unique, lui qui avait reçu les promesses, et à qui il avait été dit : En Isaac sera nommée pour toi une postérité. Il pensait que Dieu est puissant, même pour ressusciter les morts; aussi le recouvra-t-il par une sorte de résurrection. " (Lire Hébreux 11.17-19)

143. Qu'est-ce que vous reconnaissez en vous comme qualités, ou dons ou talents que Dieu a mis en vous ? Car Dieu a mis en chacun de nous des dons et des talents afin que nous puissions faire usage de cela pour sa gloire. Si vous ne les reconnaissez pas encore, implorez le Seigneur de vous révéler cela, et veillez sur votre entourage pour savoir ce qu'il dira de vous, car parfois notre entourage parvient à reconnaître notre potentiel sans que nous le sachions parce qu'il nous observe.

"Il y a diversité de dons, mais le même Esprit " (Lire I Corinthiens 12.4) ; "Or, à chacun la manifestation de l'Esprit est donnée pour l'utilité commune. " (Lire I Corinthiens 12.7) ; "Car Dieu ne se repent pas de ses dons et de son appel. " (Lire Romains 11.29)

"Il en sera comme d'un homme qui, partant pour un voyage, appela ses serviteurs, et leur remit ses biens. Il donna cinq talents à l'un, deux à l'autre, et un au troisième, à chacun selon sa capacité, et il partit. " (Lire Matthieu 25.14-15)

144. La solidité et la durabilité d'un bâtiment dépendent de sa profondeur et des matériaux utilisés ! Prenons donc le temps de bien écouter la parole de Dieu et surtout de la mettre

en pratique pour que la maison spirituelle que nous construisons en nous puisse résister aux problèmes qui peuvent surgir dans notre vie.

“C’est pourquoi, quiconque entend ces paroles que je dis et les met en pratique, sera semblable à un homme prudent qui a bâti sa maison sur le roc. La pluie est tombée, les torrents sont venus, les vents ont soufflé et se sont jetés contre cette maison : elle n’est point tombée, parce qu’elle était fondée sur le roc. “ (Lire Matthieu 7.24-25)

“Mais quiconque entend ces paroles que je dis, et ne les met pas en pratique, sera semblable à un homme insensé qui a bâti sa maison sur le sable. La pluie est tombée, les torrents sont venus, les vents ont soufflé et ont battu cette maison : elle est tombée, et sa ruine a été grande. “ (Lire Matthieu 7.26-27)

145. Parfois, l'émotion l'emporte sur la raison ! Prenons donc le temps de bien réfléchir et de sonder les Écritures tout en priant avant de prendre des décisions, parce que lorsque nous décidons sous l'impulsion de l'émotion, il est très probable que nous prenions de mauvaises décisions, car ni l'émotion ni la raison ne sont nos absolus, parce que notre absolu est la parole de Dieu, et la parole est Dieu.

“Au commencement était la Parole, et la Parole était avec Dieu, et la Parole était Dieu. “ (Lire Jean 1.1)

146. Focalisons-nous sur l’essentiel, donc nos objectifs, nos buts et nos rêves, et non sur des futilités où des choses qui peuvent nous empêcher de bien mener notre course ! Alors, dégageons-nous des entraves.

“Frères, je ne pense pas l’avoir saisi; mais je fais une chose : oubliant ce qui est en arrière et me portant vers ce qui est en avant, je cours vers le but, pour remporter le prix de la vocation céleste de Dieu en Jésus-Christ. “ (Lire Philippiens 3.13-14)

147. Nous avons tous fait des erreurs un jour, et peut-être en subissons-nous les conséquences en ce moment. A quoi ça nous sert de nous apitoyer sur notre sort ? Parce que ça nous fait mal. Maintenant, au milieu de ses ténèbres épaisses, il y a une lueur

d'espoir qui brille en nous, car au fond de chaque être humain se trouve la force de surmonter l'adversité par celui qui nous a aimés.

“Mais dans toutes ces choses nous sommes plus que vainqueurs par celui qui nous a aimés. “ (Lire Romains 8.37)

148. Si nous désirons avoir plus de bonheur dans la vie, nous devons donner plus que ce que l’on reçoit, car :

“… Il y a plus de bonheur à donner qu’à recevoir. “ (Lire Actes 20 :35)

149. Pour ne pas nous lasser de la prière, nous devons garder à l’esprit que lorsque nous prions avec ferveur, notre prière a beaucoup de puissance.

“La prière fervente du juste a beaucoup de puissance. “ (Jacques 5:16)

150. Il y a des jours où nous sommes confiants et d'autres où nous perdons toute confiance, et envahis par le doute, nous nous demandons si nous ne sommes pas sur la mauvaise voie, car les choses ne se passent pas comme prévu ! La bonne chose à faire est ce que David a fait ; il a demandé à Dieu de le mettre à l'épreuve et de voir s'il est sur le mauvais chemin, et de le conduire sur le chemin de l'éternité (le bon chemin).

“Sonde-moi, ô Dieu, et connais mon cœur! Éprouve-moi, et connais mes pensées! Regarde si je suis sur une mauvaise voie, Et conduis-moi sur la voie de l’éternité! “ (Lire Psaume 139.23-24)

151. La colère n'est qu'un sentiment passager qui se manifeste quand on a l'impression d'avoir été abusé d'une façon ou d'une autre ! Elle se caractérise par une diminution des facultés intellectuelles et une augmentation des impulsions émotionnelles qui nous font parfois réagir impulsivement et sans réfléchir ! Il y a un adage qui dit que « la colère est une courte folie » , car sous l'impulsion de la colère, nous sommes prêts à commettre des actes contraires à l'éthique, et finir par avoir des regrets plus tard.

C'est pourquoi, lorsque la colère frappe à notre porte, n'allons pas ouvrir, et si elle parvient par inadvertance à y entrer, chassons-la le plus vite possible en désobéissant à ses impulsions émotionnelles et elle partira, parce qu'elle a toujours été passagère, et elle ne peut en aucun cas accomplir la justice de Dieu, car souvent en colère, l'homme cherche à se faire justice.

"Car la colère de l'homme n'accomplit pas la justice de Dieu. " (Lire Jacques 1.20)

152. C'est toujours la faute des autres et très rarement la nôtre, parce que nous ne voulons pas être responsables d'une catastrophe, c'est pourquoi nous cherchons toujours des excuses pour nous disculper, car vivre avec une conscience qui nous accuse est douloureux !

Pour être honnête avec soi-même, nous devons examiner notre conscience ; et si le constat est que nous sommes fautifs, nous devons reconnaître cela et chercher à le réparer si possible, car si nous ne le faisons pas, nous vivrons toute notre vie avec une conscience coupable chaque fois que le souvenir de la faute nous reviendra !

C'est à cause de cela qu'Adam a blâmé Ève sa femme, et Ève a blâmé le serpent parce qu'ils ont évité d'être responsables de la transgression de l'ordre divin.

"Et l'Éternel Dieu dit : Qui t'a appris que tu es nu? Est-ce que tu as mangé de l'arbre dont je t'avais défendu de manger? L'homme répondit : La femme que tu as mise auprès de moi m'a donné de l'arbre, et j'en ai mangé. Et l'Éternel Dieu dit à la femme : Pourquoi as-tu fait cela? La femme répondit : Le serpent m'a séduite, et j'en ai mangé. " (Lire Genèse 3.11-13)

153. La doulourologie ! (Ne vérifiez pas dans le dictionnaire, car cela n'y est pas encore, peut-être dans le futur, parce que c'est une invention personnelle suite à quelques expériences douloureuses de la vie).

Selon ma définition, la doulourologie est la science qui étudie l'intensité de la douleur ! Dans la vie, nous éprouvons parfois la douleur de bien des façons, car parfois la souffrance est si forte qu'elle cause une douleur intense que nous ne pouvons l'expliquer exactement à personne pour trouver consolation, car nos paroles ne suffisent pas.

Dans la bible, nous voyons que les paroles de job partaient jusqu'à la folie à cause de la douleur qu'il ressentait. “Oh! S'il était possible de peser ma douleur, et si toutes mes calamités étaient sur la balance, elles seraient plus pesantes que le sable de la mer; Voilà pourquoi mes paroles vont jusqu'à la folie! “ (Lire Job 6.2-3)

Or, il y a une personne qui connaît parfaitement notre douleur, car elle a souffert plus que nous ; et cette personne c'est le Seigneur Jésus-Christ ! “Il a plu à l'Éternel de le briser par la souffrance... Après avoir livré sa vie en sacrifice pour le péché “ (Lire Ésaïe 53.10)

Alors, peut-être que vous êtes à la recherche d'un baume pour soulager votre douleur comme Jérémie qui cherchait un baume en Galaad et un médecin pour soulager la douleur de la fille de son peuple, je vous conseille vivement de venir auprès du Seigneur Jésus-Christ de tout votre cœur, et il vous réconfortera avec le baume de son sang, car lui-même vous demande de venir à lui!

“Je suis brisé par la douleur de la fille de mon peuple, Je suis dans la tristesse, l'épouvante me saisit. N'y a-t-il point de baume en Galaad? N'y a-t-il point de médecin? Pourquoi donc la guérison de la fille de mon peuple ne s'opère-t-elle pas? “ (Lire Jérémie 8.21-22)

“Venez à moi, vous tous qui êtes fatigués et chargés, et je vous donnerai du repos. “ (Lire Matthieu 11 :28)

154. Tout le monde est maître dans un domaine ! Et vous, Dans quel domaine êtes-vous maître ? Car, si vous le savez, il serait facile pour vous d'être heureux en l'exploitant, parce que c'est Dieu qui vous a rendu capable afin que vous ayez cette maitrise comme il le fit avec Betsaleel, fils d'uri.

“L'Éternel parla à Moïse, et dit : Sache que j'ai choisi Betsaleel, fils d'Uri, fils de Hur, de la tribu de Juda. Je l'ai rempli de l'Esprit de Dieu, de sagesse, d'intelligence, et de savoir pour toutes sortes d'ouvrages, je l'ai rendu capable de faire des inventions, de travailler l'or, l'argent et l'airain, de graver les pierres à enchâsser, de travailler le bois, et d'exécuter toutes sortes d'ouvrages. " (Lire Exode 31.1-5)

"Ce n'est pas à dire que nous soyons par nous-mêmes capables de concevoir quelque chose comme venant de nous-mêmes. Notre capacité, au contraire, vient de Dieu. " (Lire II Corinthiens 3.5)

155. Parfois le silence est plus éloquent que les mots ! C'est pourquoi il est sage de savoir quand il faut parler et quand il faut se taire. Car les enfants d'Israël parlèrent et murmurèrent contre Moïse, tandis qu'il fallait se taire pour que Dieu puisse lutter pour eux.

"Pharaon approchait. Les enfants d'Israël levèrent les yeux, et voici, les Égyptiens étaient en marche derrière eux. Et les enfants d'Israël eurent une grande frayeur, et crièrent à l'Éternel. Ils dirent à Moïse : N'y avait-il pas des sépulcres en Égypte, sans qu'il fût besoin de nous mener mourir au désert? Que nous as-tu fait en nous faisant sortir d'Égypte? " (Lire Exode 14.10-11)

"Moïse répondit au peuple : Ne craignez rien, restez en place, et regardez la délivrance que l'Éternel va vous accorder en ce jour; car les Égyptiens que vous voyez aujourd'hui, vous ne les verrez plus jamais. L'Éternel combattra pour vous; et vous, gardez le silence ". (Lire Exode 14.13-14)

156. Parfois nous tombons dans le doute, dans le désespoir, et dans la dépression quand nos espoirs s'envolent en fumée ! De ce chaos peuvent naître des choses merveilleuses, car parfois dans la vie nous devons tout casser pour recommencer et faire mieux avec le Seigneur.

"Je descendis dans la maison du potier, Et voici, il travaillait sur un tour. Le vase qu'il faisait ne réussit pas, comme il arrive à l'argile dans la main du potier; Il en refit un autre vase, tel qu'il trouva bon de le faire. " (Lire Jérémie 18.3-4)

157. Parfois dans la vie, quand on veut de nouvelles choses, il faut savoir que ces choses viennent avec beaucoup de problèmes. Car souvent nous oublions ce petit détail qui fait toute la différence par son importance, comme ce fut le cas avec le peuple Israël qui voulait que le Messie vienne, mais il avait oublié le détail qui disait ceci :

“Car un enfant nous est né, un fils nous est donné, Et la domination reposera sur son épaule; On l’appellera Admirable, Conseiller, Dieu puissant, Père éternel, Prince de la paix. “ (Lire Ésaïe 9.5)

Car lorsque l’enfant était né et avait grandi et qu’il était allé vers eux, ils l’ont rejeté : “Elle (la parole) est venue chez les siens, et les siens ne l’ont point reçue. “ (Lire Jean 1.11) ; leur problème était qu’ils ne pouvaient pas croire en lui parce qu’il n’était pas venu de la manière dont ils l’attendaient, tandis qu’il y avait une promesse dont ils avaient oublié.

158. Comment vous voyez-vous dans un avenir proche et lointain ? Parce que la visualisation permet à l'homme d'avoir une vision proche et lointaine de ce qu'il vivra dans son avenir comme ce fut le cas de Jérémie qui vit la direction dans laquelle la calamité viendra ! Ce que vous allez vivre a un rapport direct avec la façon dont vous voyez les choses, à moins que Dieu en décide autrement.

“La parole de l’Éternel me fut adressée une seconde fois, en ces mots : Que vois-tu? Je répondis : Je vois une chaudière bouillante, du côté du septentrion. Et l’Éternel me dit : C’est du septentrion que la calamité se répandra sur tous les habitants du pays. “ (Lire Jérémie 1.13-14)

159. Que le (la) conjoint(e) chrétien(ne) prenne ses responsabilités spirituelles en main en intercédant et en exhortant son (sa) conjoint(e), car nul ne sait si l’époux ou l’épouse sera sauvé (e) par son (sa) conjoint (e).

“Aux autres, ce n’est pas le Seigneur, c’est moi qui dis : Si un frère a une femme non-croyante, et qu’elle consente à habiter avec lui, qu’il ne la répudie point; et si une femme a un mari non-croyant, et qu'il consente à habiter avec elle, qu'elle ne répudie point son mari. " (Lire I Corinthiens 7.12-13)

"Car le mari non-croyant est sanctifié par la femme, et la femme non-croyante est sanctifiée par le frère; autrement, vos enfants seraient impurs, tandis que maintenant ils sont saints. Si le non-croyant se sépare, qu'il se sépare; le frère ou la sœur ne sont pas liés dans ces cas-là. Dieu nous a appelés à vivre en paix. Car que sais-tu, femme, si tu sauveras ton mari? Ou que sais-tu, mari, si tu sauveras ta femme? " (Lire I Corinthiens 7.14-16)

160. Prends le risque de réalisé le rêve qui sommeille en toi comme David qui rêva de construire une maison pour l'arche de l'Eternel.

"Lorsque David fut établi dans sa maison, il dit à Nathan le prophète : Voici, j'habite dans une maison de cèdre, et l'arche de l'alliance de l'Éternel est sous une tente. " (Lire I Chroniques 17.1)

Si c'est la volonté parfaite de Dieu, cela s'accomplira! Au cas contraire, ça ne s'accomplira pas comme ce fut le cas de David.

"La nuit suivante, la parole de Dieu fut adressée à Nathan : Va dire à mon serviteur David : Ainsi parle l'Éternel : Ce ne sera pas toi qui me bâtiras une maison pour que j'en fasse ma demeure. " (Lire I Chroniques 17.3-4)

Car c'est Salomon son fils qui accomplit le rêve de David. "Ainsi fut achevé tout l'ouvrage que le roi Salomon fit pour la maison de l'Éternel. Puis il apporta l'argent, l'or et les ustensiles, que David, son père, avait consacrés, et il les mit dans les trésors de la maison de l'Éternel. " (Lire I Rois 7.51) Alors, aie l'audace d'essayé comme David.

161. Essaie encore de faire confiance à Dieu malgré les multiples déceptions tout en sachant que celui qui se confie en lui est heureux " Éternel des armées! Heureux l'homme qui se confie en toi! " (Lire Psaume 84.13) ;

Il sera aussi rassasié, “Mais celui qui se confie en l’Éternel est rassasié. “ (Lire Proverbes 28.25) ;

Il est protégé, “ La crainte des hommes tend un piège, Mais celui qui se confie en l’Éternel est protégé. “ (Lire Proverbes 29.25) ;

Il est environné de grâce, “Beaucoup de douleurs sont la part du méchant, Mais celui qui se confie en l’Éternel est environné de sa grâce. “ (Lire Psaume 32.10)

162. Qu'est-ce que vous voulez vraiment ? Quels sont les désirs les plus profonds de votre cœur que personne ne connaît à part vous et Dieu ? Qu'attendez-vous de Dieu ? Si vous avez la réponse, allez dans la prière et demandez sans relâche à Dieu, et croyez que vous l'avez déjà reçu, et vous verrez cela s’accomplir si c’est la volonté parfaite de Dieu pour vous.

“C’est pourquoi je vous dis : Tout ce que vous demanderez en priant, croyez que vous l’avez reçu, et vous le verrez s’accomplir. “ (Lire Marc 11.24)

163. Aussi impossible que paraît ce que tu souhaites voir s’accomplir dans ta vie, crois seulement que tu l’as déjà reçu, car tout te sera possible que lorsque tu croiras.

“Jésus lui dit : Si tu peux!... Tout est possible à celui qui croit. “ (Lire Marc 9.23)

164. Aussi féroces que soient les épreuves que vous traversez, n'abandonnez pas, mais persévérez jusqu'à la victoire totale, car c'est votre persévérance qui manifestera votre victoire.

“Sachant que l’affliction produit la persévérance, la persévérance la victoire dans l’épreuve, et cette victoire l’espérance. “ (Lire Romains 5.3-4)

165. La confiance mutuelle est un sujet qui dérange beaucoup d'entre nous, parce que lorsque nous la perdons, nos relations se retournent, même avec notre créateur. Cherchons donc ce qui contribue à la paix et à la construction, afin de maintenir notre confiance mutuelle.

"Ainsi donc, recherchons ce qui contribue à la paix et à l'édification mutuelle. " (Lire Romains 14.19)

166. Qui d'entre nous n'a jamais commis des erreurs dans sa vie ? Après l'avoir commis, il nous est déjà arrivé de nous sentir coupable n'est-ce pas vrai ? Ce sentiment de culpabilité est là comme indicateur pour nous ramener sur le droit chemin de la repentance !

Lorsque nous suivons ce chemin et que nous nous repentions sincèrement, et que ce sentiment de culpabilité persiste toujours, nous devons nous débarrasser de cela par la prière ! Car, après une repentance sincère, le sang de Jésus-Christ purifie la conscience humaine.

"Combien plus le sang de Christ, qui, par un esprit éternel, s'est offert lui-même sans tache à Dieu, purifiera-t-il votre conscience des œuvres mortes, afin que vous serviez le Dieu vivant! " (Lire Hébreux 9.14)

167. Ne jamais abandonner, mais toujours essayé à nouveau, car la vie peut nous sourire après nous avoir fait pleurer comme ce fut le cas de Naomi.

"Le nom de cet homme était Élimélec, celui de sa femme Naomi, et ses deux fils s'appelaient Machlon et Kiljon; ils étaient Éphratiens, de Bethléhem de Juda. Arrivés au pays de Moab, ils y fixèrent leur demeure. Élimélec, mari de Naomi, mourut, et elle resta avec ses deux fils. " (Lire Ruth 1.2-3) ; " Machlon et Kiljon moururent aussi tous les deux, et Naomi resta privée de ses deux fils et de son mari. " (Lire Ruth 1.5)

"Naomi prit l'enfant et le mit sur son sein, et elle fut sa garde. " (Lire Ruth 4.16) ; " Les femmes dirent à Naomi : Béni soit l'Éternel, qui ne t'a point laissé manquer aujourd'hui d'un homme ayant droit de rachat, et dont le nom sera célébré en Israël! Cet enfant restaurera ton âme, et sera le soutien de ta vieillesse; car ta belle-fille, qui t'aime, l'a enfanté, elle qui vaut mieux pour toi que sept fils. " (Lire Ruth 4.14-15)

“Je changerai leur deuil en allégresse, et je les consolerai; Je leur donnerai de la joie après leurs chagrins. “ (Lire Jérémie 31.13)

168. Le travail acharné que nous faisons pour atteindre nos objectifs est un investissement qui portera ses fruits lorsque nos objectifs seront atteints ! Alors, travaillons avec ardeur parce qu'il y aura un retour sur investissement.

“Ainsi parle l’Éternel : Retiens tes pleurs, retiens les larmes de tes yeux; Car il y aura un salaire pour tes œuvres, dit l’Éternel “ (Lire Jérémie 31.16)

169. Ce que l’on ressent intérieurement lorsqu’on est animé d’un réel amour pur et saint est souvent très difficile à faire comprendre aux autres ! C’est pourquoi il était conseillé aux filles de Jérusalem de ne pas réveiller l’amour avant qu’elle le veuille pour ne pas être malade d’amour.

“Je vous en conjure, filles de Jérusalem, ne réveillez pas, ne réveillez pas l’amour, avant qu’elle le veuille. “ (Cantique des Cantiques 8.4)

“Soutenez-moi avec des gâteaux de raisins, Fortifiez-moi avec des pommes; Car je suis malade d’amour. “ (Cantique des Cantiques 2.5)

170. Être debout chaque matin n’est pas donné à tout le monde, car certains meurent dans la nuit en plein sommeil ! Et lorsque vous êtes debout le matin, ce n’est que par bonté divine et non par habitude. C’est pourquoi, tâchons de remercier le Seigneur chaque matin pour ses bontés envers nous.

“Les bontés de l’Eternel ne sont pas épuisées, ses compassions ne sont pas à leur termes ; Elles se renouvellent chaque matin. Oh, que ta fidélité est grande “ (Lire Lamentation 3 :22)

171. Jésus aimait Pierre avec ses erreurs et ses défauts, car sachant à l’avance que Pierre allait le renier à trois reprises, il avait néanmoins prié pour lui afin que sa foi ne défaille pas car, le diable voulait se jouer de lui ! C’est ainsi que Dieu vous aime malgré vos erreurs et vos défauts.

“Le Seigneur dit : Simon, Simon, Satan vous a réclamé, pour vous cribler comme le froment. Mais j’ai prié pour toi, afin que ta foi ne défaille point; et toi, quand tu seras converti, affermis tes frères. Seigneur, lui dit Pierre, je suis prêt à aller avec toi et en prison et à la mort. Et Jésus dit : Pierre, je te le dis, le coq ne chantera pas aujourd’hui que tu n’aies nié trois fois de me connaître. “ (Lire Luc 22.31-34)

172. Si vous voulez avoir d'autres résultats, commencez par faire les choses différemment, parce que si vous faites les choses comme d'habitude, vous aurez les mêmes résultats. A l’instar de Pierre qui a pêché toute la nuit sans avoir un résultat satisfaisant, quand il a fait les choses différemment selon la parole du Seigneur en pêchant en eau profonde, il a eu d'autres résultats qui lui ont satisfait.

“Lorsqu’il eut cessé de parler, il dit à Simon : Avance en pleine eau, et jetez vos filets pour pêcher. Simon lui répondit : Maître, nous avons travaillé toute la nuit sans rien prendre; mais, sur ta parole, je jetterai le filet L’ayant jeté, ils prirent une grande quantité de poissons, et leur filet se rompait. “ (Lire Luc 5.4-6)

173. Les hostilités intérieures de l'homme forgent en lui un caractère, car il n'y a pas de caractère sans combat. Alors, courage bien-aimé, car c'est le caractère du Christ qui se forme en vous à travers ces luttes intérieures.

“Je trouve donc en moi cette loi : quand je veux faire le bien, le mal est attaché à moi. Car je prends plaisir à la loi de Dieu, selon l’homme intérieur; mais je vois dans mes membres une autre loi, qui lutte contre la loi de mon entendement, et qui me rend captif de la loi du péché, qui est dans mes membres. “ (Lire Romains 7.21-23)

174. La vie n’a de sens qu’en Jésus-Christ, car en dehors de lui c’est la mort et le néant, parce que c’est lui la vie ! “Jésus lui dit : Je suis le chemin, la vérité, et la vie“ (Lire Jean 14.6).

Et Jésus-Christ est la parole de Dieu ! “Car il est impossible que le sang des taureaux et des boucs ôte les péchés. C’est pourquoi Christ, entrant dans le monde, dit : Tu n’as voulu ni sacrifice ni offrande, Mais tu m'as formé un corps; Tu n'as agréé ni holocaustes ni sacrifices pour le péché. Alors j'ai dit : Voici, je viens (Dans le rouleau du livre il est question de moi) Pour faire, ô Dieu, ta volonté. " (Lire Hébreux 10.4-7).

D'où, la vie n'a de sens que lorsque notre vie est en accord avec la parole de Dieu.

175. Si tu te contentes de faire ce que tu es capable de faire, tu ne progresseras pas, et tu ne sauras pas jusqu'où tu peux aller, tandis que si tu te permets de faire des choses dont tu n'es pas capable par la foi comme Pierre qui marcha sur les eaux, tu verras que tu peux faire des choses extraordinaires avec Dieu.

"Pierre lui répondit : Seigneur, si c'est toi, ordonne que j'aille vers toi sur les eaux. Et il dit : Viens! Pierre sortit de la barque, et marcha sur les eaux, pour aller vers Jésus. " (Lire Matthieu 14.28-29)

176. Quelles sont vos craintes ? La peur est l'imagination abstraite des pires scénarios qui peuvent se produire dans une situation donnée ! Face à l'incertitude, l'homme imagine des spectacles sombres qui créent en lui un sentiment d'insécurité qui à son tour provoque la peur.

Pour y remédier, nous devons agir par la foi et affronter nos peurs en faisant le contraire de ce que celles-ci nous disent, car la peur nous conduit souvent à l'inaction. Moïse n'a pas eu peur de la colère du roi, c'est pourquoi il a agi et a quitté l'Egypte ! Essayons donc d'agir comme Moïse malgré nos craintes.

"C'est par la foi qu'il quitta l'Égypte, sans être effrayé de la colère du roi; car il se montra ferme, comme voyant celui qui est invisible. " (Lire Hébreux 11.27)

177. S'il était possible d'ouvrir le cœur des gens et voir ce qu'ils contiennent, nous serons surpris de voir combien les gens nous apprécient sans nous le dire et aussi surpris de voir combien les gens nous détestent sans raison car : "Le cœur est tortueux par-dessus tout, et il est méchant : Qui peut le connaître? " (Lire Jérémie 17.9).

Alors, soyons de ceux qui savent complimenter les autres lorsque nous les apprécions, et non de ceux qui détestent sans raison.

178. Nous voulons tous des opportunités, mais le problème est que la plupart des gens ne sont pas vraiment prêts à faire face à ce que ces opportunités impliquent, parce qu'une fois qu'ils les ont saisies, ils sont dépassés par le poids de celles-ci, et ont de grandes difficultés à y rester ! Soyons donc prudents et préparons-nous en conséquence pour faire face aux réalités des opportunités que nous voulons avoir dans nos vies.

"L'homme prudent voit le mal et se cache, mais les simples avancent et sont punis. " (Lire Proverbes 22.3)

179. Nous devons avoir une forte passion lorsque nous poursuivons nos rêves, car sans cela, nous n'atteindrons pas nos objectifs parce qu'il a y trop d'embûches sur le chemin. Cette forte passion en nous, nous permettra de tenir le coup afin de persévérer en dépit des obstacles jusqu'à l'accomplissement de nos rêves.

"Des orgueilleux me tendent un piège et des filets, Ils placent des rets le long du chemin, Ils me dressent des embûches. " (Lire Psaume 140.6)

180. Quand on coupe la tête du serpent, sa queue ne reste jamais immobile, car elle bouge tout le temps ! Alors ne vous inquiétez pas s'il y a du désordre tout autour de vous ou en vous, parce que c'est la preuve que tout est accompli sur la croix ! Laissez le temps faire son œuvre tout en faisant connaître vos besoins à Dieu dans la prière, et vous verrez comment la queue du serpent ne bougera plus, et vous aurez la paix de Dieu dans votre cœur.

"Ne vous inquiétez de rien; mais en toute chose faites connaître vos besoins à Dieu par des prières et des supplications, avec des actions de grâces. Et la paix de Dieu, qui surpasse toute intelligence, gardera vos cœurs et vos pensées en Jésus Christ. " (Lire Philippiens 4.6-7)

181. Si l'on persévère dans l'effort soutenu, et si l'on considère chaque difficulté comme un apprentissage, la réussite peut être au rendez-vous au bout du tunnel comme ce fut le cas de Joseph qui persévéra jusqu'à devenir le gouverneur- d'Egypte.

"Il prit Joseph, et le mit dans la prison, dans le lieu où les prisonniers du roi étaient enfermés : il fut là, en prison. " (Lire Genèse 39.20)

"Le chef de la prison ne prenait aucune connaissance de ce que Joseph avait en main, parce que l'Éternel était avec lui. Et l'Éternel donnait de la réussite à ce qu'il faisait. " (Lire Genèse 39.23)

"Pharaon dit à Joseph : Vois, je te donne le commandement de tout le pays d'Égypte. " (Lire Genèse 41.41)

182. Aussi petits et insignifiants que soient les progrès que nous faisons jour après jour dans notre vie, ne négligeons pas cela, car c'est la somme de ces petits progrès quotidiens qui formera un jour notre grand succès. Prenons donc courage et continuons à passer de progrès en progrès.

"Nous vous prions et nous vous conjurons au nom du Seigneur Jésus de marcher à cet égard de progrès en progrès. " (Lire I Thessaloniciens 4.1)

183. Il m'est arrivé de demander de l'aide financière à quelques amis à plusieurs reprises, et ils étaient lassés de moi et ils me répondaient comme ils leur plaisaient car :

"Le riche domine sur les pauvres, et celui qui emprunte est l'esclave de celui qui prête. " (Lire Proverbes 22.7)

C'est pourquoi la parole rajoute ceci : "Mets rarement le pied dans la maison de ton prochain, de peur qu'il ne soit rassasié de toi et qu'il ne te haïsse. " (Lire Proverbes 25.17)

184. Sans encouragement à nous motiver, nous ne ferons rien de bon, car c'est la motivation qui nous pousse à l'action comme ce fut le cas pour le peuple de Juda avec Zorobabel quand le temple fut construit.

“Les ennemis de Juda et de Benjamin apprirent que les fils de la captivité bâtissaient un temple à l’Éternel, le Dieu d’Israël. Ils vinrent auprès de Zorobabel et des chefs de familles, et leur dirent : Nous bâtirons avec vous; car, comme vous, nous invoquons votre Dieu, et nous lui offrons des sacrifices depuis le temps d’Ésar Haddon, roi d’Assyrie, qui nous a fait monter ici. “ (Lire Esdras 4.1 :2)

“Mais Zorobabel, Josué, et les autres chefs des familles d’Israël, leur répondirent : Ce n’est pas à vous et à nous de bâtir la maison de notre Dieu; nous la bâtirons nous seuls à l’Éternel, le Dieu d’Israël, comme nous l’a ordonné le roi Cyrus, roi de Perse. Alors les gens du pays découragèrent le peuple de Juda; ils l’intimidèrent pour l’empêcher de bâtir, et ils gagnèrent à prix d’argent des conseillers pour faire échouer son entreprise. Il en fut ainsi pendant toute la vie de Cyrus, roi de Perse, et jusqu’au règne de Darius, roi de Perse. “ (Lire Esdras 4.3 :5)

185. Il nous arrive de croire que la parole de Dieu soit sans effet dans notre vie tandis que ce sont nos péchés non confessés qui nous séparent de Dieu.

“Non, la main de l’Éternel n’est pas trop courte pour sauver, ni son oreille trop dure pour entendre. Mais ce sont vos crimes qui mettent une séparation entre vous et votre Dieu; Ce sont vos péchés qui vous cachent sa face Et l’empêchent de vous écouter. “ (Lire Ésaïe 59.1-2)

Alors, confessons donc nos pêchés afin de voir et vivre les effets de la parole de Dieu dans nos vies, car : “Nous savons que Dieu n’exauce pas les pêcheurs ; mais, si quelqu’un l’honore et fait sa volonté, c’est celui-là qu’il exauce. “ (Lire Jean 9.31)

186. Dieu a promis que si nous confessons nos péchés, il est fidèle et juste pour nous les pardonner. Alors, peu importe le niveau d’enfoncement que nous nous sommes embourbé dans le péché, ne gardons pas ce poids en nous, mais déchargeons-nous sur le Christ et il nous pardonnera.

“Si nous disons que nous n’avons pas de péché, nous nous séduisons nous-mêmes, et la vérité n’est point en nous. Si nous confessons nos péchés, il est fidèle et juste pour nous les pardonner, et pour nous purifier de toute iniquité. Si nous disons que nous n’avons pas péché, nous le faisons menteur, et sa parole n’est point en nous. “ (Lire I Jean 1.8-10)

187. La parole ne nous console pas, mais c’est la puissance du Saint Esprit cachée dans la parole qui nous console car la lettre tue mais l’Esprit vivifie

“Il nous a aussi rendus capables d’être ministres d’une nouvelle alliance, non de la lettre, mais de l’esprit; car la lettre tue, mais l’esprit vivifie. “ (Lire II Corinthiens 3.6)

“Car le royaume de Dieu ne consiste pas en paroles, mais en puissance. “ (Lire I Corinthiens 4.20)

188. Lorsque nous avons l’impression d’avoir été trahi par Dieu, ce sentiment est comme celui d’un homme d’affaires qui se sent trahi par son partenaire d’affaire en qui il avait une grande confiance ! Or, Dieu ne trahit jamais ceux qui se confient et croient en lui ! C’est souvent le poids des épreuves ou notre infidélité envers Dieu qui nous donne cette impression de trahison.

“Tous ceux qui espèrent en toi ne seront point confondus; Ceux-là seront confondus qui sont infidèles sans cause. “ (Lire Psaume 25.3)

189. Lorsque nous avons prié, sacrifier des choses, persévéré jusqu’à épuisement et que Dieu reste toujours silencieux, c’est à ce moment-là que nous devons être certain de Dieu comme Job dans l’adversité qui dit :

“Mais je sais que mon Rédempteur est vivant, et qu’il se lèvera le dernier sur la terre. Quand ma peau sera détruite, il se lèvera; Quand je n’aurai plus de chair, je verrai Dieu. Je le verrai, et il me sera favorable; Mes yeux le verront, et non ceux d’un autre; Mon âme languit d’attente au dedans de moi. “ (Lire Job 19.25-27)

190. J'ai déjà cru à l'occasion que j'avais commis une erreur en me lançant aveuglément dans l'œuvre de Dieu parce que je m'étais tellement engagé à sacrifier et à manquer le

nécessaire qu'un homme ne peut manquer ! Cependant, c'est un investissement à long terme qui a porté ses fruits au-delà de mes attentes, car le juste n'a jamais été abandonné.

“J’ai été jeune, j’ai vieilli; et je n’ai point vu le juste abandonné, ni sa postérité mendiant son pain. “ (Lire Psaume 37.25)

191. Il nous arrive parfois de ressentir une intolérance et une très forte émotion contre toute humilité ! Cela s’appelle de l’orgueil. Lorsque nous avons fait de notre mieux pour être humble, et que notre humilité n’a pas était reconnu à sa juste valeur, c’est à ce moment-là que ce sentiment apparaît. Or, tant que l’orgueil est en nous, la gloire ne viendra pas parce que Dieu résiste aux orgueilleux, mais il fait grâce aux humbles. C’est pourquoi, humilions-nous afin que Dieu nous élève au temps convenable.

“Il accorde, au contraire, une grâce plus excellente; c’est pourquoi l’Écriture dit : Dieu résiste aux orgueilleux, mais il fait grâce aux humbles. “ (Lire Jacques 4.6)

192. Lorsque l’homme est trop accablé par les problèmes de la vie, il cherche du repos de part et d’autre au travers des bonnes paroles réconfortantes ! C’est pourquoi le Christ l’appelle à venir à lui afin qu’il lui donne ce repos dont il a besoin.

“Venez à moi, vous tous qui êtes fatigués et chargés, et je vous donnerai du repos. “ (Lire Matthieu 11.28)

193. La souffrance dispose l’homme au mal ! Lorsque l’homme souffre jusqu’à avoir l’impression de trop souffrir, son cœur est disposé à faire le mal à cause de sa vulnérabilité ! C’est pourquoi nous ne devons pas nous laisser vaincre par le mal lorsque nous souffrons, mais plutôt le surmonter par le bien.

“Ne te laisse pas vaincre par le mal, mais surmonte le mal par le bien. “ (Lire Romains 12.21)

194. Parfois dans la vie, l'homme ne veut rien de plus qu'une oreille attentive qui puisse l'écouter, parce qu'il a tant de choses dans son cœur qu'il ne sait à qui se confier ! C'est

pourquoi, soyons habitués à écouter nos proches parce que, peut-être c'est la seule chose qu'ils attendent de nous, comme Job.

“Job prit la parole et dit : Écoutez, écoutez mes paroles, donnez-moi seulement cette consolation. Laissez-moi parler, je vous prie; Et, quand j’aurai parlé, tu pourras te moquer. “ (Lire Job 21.1-3)

195. Lorsque l’homme est dans la souffrance, il arrive parfois qu’il manque de force pour prier et plaider sa cause devant Dieu ! C’est pourquoi Job a dit que si cet homme trouve un intercesseur, Dieu aura compassion de lui.

“Mais s’il se trouve pour lui un ange intercesseur, un d’entre les mille qui annoncent à l’homme la voie qu’il doit suivre, Dieu a compassion de lui et dit à l’ange : Délivre-le, afin qu’il ne descende pas dans la fosse; J’ai trouvé une rançon! “ (Lire Job 33.23-24)

196. Il est des problèmes dans la vie qui épuise nos forces à cause de l’attente du changement jusqu’à nous dire : “Pourquoi espérer quand je n’ai plus de force? Pourquoi attendre quand ma fin est certaine? “ (Lire Job 6.11).

Or tant qu’il y a la vie en nous, il y a encore de l’espoir. “Pour tous ceux qui vivent il y a de l’espérance; et même un chien vivant vaut mieux qu’un lion mort. “ (Lire Ecclésiaste 9.4)

C’est pourquoi, attendant le changement que nous souhaitons en croyant à la promesse de Dieu, car elle s’accomplira certainement.

“Car c’est une prophétie dont le temps est déjà fixé, Elle marche vers son terme, et elle ne mentira pas; Si elle tarde, attends-la, car elle s’accomplira, elle s’accomplira certainement. “ (Lire Habacuc 2.3)

197. Quand une personne souffre, elle a besoin de la compassion de son ami même quand elle abandonne le chemin de Dieu, parce que la souffrance peut la conduire à la dérive, et par la compassion des autres, elle peut trouver le chemin de la vie.

“Celui qui souffre a droit à la compassion de son ami, Même quand il abandonnerait la crainte du Tout Puissant. “ (Lire Job 6.14)

198. Il m’est déjà arrivé de douter de la bonté de Dieu envers moi, car, j’étais dans un énorme brouillard et je ne voyais rien pendant des années ! Je me disais que Dieu est bon peut-être pour les autres et pas pour moi ! Or, c’était les ruses du diable pour m’éloigner davantage de Dieu, car Dieu est réellement bon pour tous, et pour toujours.

“Car l’Éternel est bon; sa bonté dure toujours, et sa fidélité de génération en génération. “ (Lire Psaume 100.5)

199. Après avoir tant souffert, il arrive que nous recevions l'objet de nos désirs, mais tellement qu'il nous a fallu trop de temps pour le recevoir, nous avons parfois honte des yeux des autres même après avoir reçu ce que nous avant tant désiré à l’exemple de Sarah quand elle a porté Isaac.

“L’Éternel se souvint de ce qu’il avait dit à Sara, et l’Éternel accomplit pour Sara ce qu’il avait promis. Sara devint enceinte, et elle enfanta un fils à Abraham dans sa vieillesse, au temps fixé dont Dieu lui avait parlé. Abraham donna le nom d’Isaac au fils qui lui était né, que Sara lui avait enfanté. “ (Lire Genèse 21.1-3)

“Et Sara dit : Dieu m’a fait un sujet de rire; quiconque l’apprendra rira de moi. “ (Lire Genèse 21.6),

C’est pourquoi faisons comme David, et demandons à Dieu de nous rendre la joie de son salut. “Rends-moi la joie de ton salut “ (Lire Psaume 51.14)

200. Souvent nous attendons la moisson de ce que nous avons semé chez les mêmes personnes à qui nous avons semé ! Or, notre part est de semer, et c’est à Dieu de nous accorder la moisson de sa manière par qui il veut, quand il veut et comme il veut.

“Insensé! ce que tu sèmes ne reprend point vie, s’il ne meurt. Et ce que tu sèmes, ce n’est pas le corps qui naîtra; c’est un simple grain, de blé peut-être, ou de quelque autre semence; puis Dieu lui donne un corps comme il lui plaît, et à chaque semence il donne un corps qui lui est propre. “ (Lire I Corinthiens 15.36-38)

C’est pourquoi, gardons en tête que, ce que nous semons, nous le moissonnerons d’une façon ou d’une autre.

“Ne vous y trompez pas : on ne se moque pas de Dieu. Ce qu’un homme aura semé, il le moissonnera aussi. “ (Lire Galates 6.7)

201. Si les hommes savaient exactement ce à quoi vous avez dû faire face en termes de défis pour arriver là où vous êtes aujourd'hui, ils ne chercheraient pas à faire comme vous, car ils ne considèrent que la pointe de l'iceberg et non la partie sous-marine, tandis que la plupart du travail de votre succès a été fait dans les profondeurs de l'eau de la souffrance, où il ne peut exister que vous et Dieu qui le savait et nul autre.

“L’Éternel ne considère pas ce que l’homme considère; l’homme regarde à ce qui frappe les yeux, mais l’Éternel regarde au cœur. “ (Lire I Samuel 16.7)

202. Il existe des douleurs causées par les blessures intérieures que le temps ne peut guérir, car le seul et véritable guérisseur c’est l’Eternel.

“Il dit : Si tu écoutes attentivement la voix de l’Éternel, ton Dieu, si tu fais ce qui est droit à ses yeux, si tu prêtes l’oreille à ses commandements, et si tu observes toutes ses lois, je ne te frapperai d’aucune des maladies dont j’ai frappé les Égyptiens; car je suis l’Éternel, qui te guérit.“ (Lire Exode 15.26)

203. Le temps peut vous permettre d'oublier temporairement la pensée que la douleur crée, mais une fois que le souvenir de cette pensée vous vient à l'esprit, et que vous n'avez pas été complètement guéri par Christ, vous ressentirez à nouveau cette douleur! C'est pourquoi invoquez Jésus-Christ, lui qui est le médecin par excellence afin qu'il puisse guérir toutes vos blessures intérieures.

“Il guérit ceux qui ont le cœur brisé, et il panse leurs blessures. “ (Lire Psaume 147.3)

204. Même si c'est Dieu qui vous à frapper ou c'est à cause de votre inconduite que vous êtes malade, ou blesser intérieurement, sachez que le Seigneur Jésus-Christ vous a déjà pardonné et il vous a déjà guéri, et c'est à vous de croire en sa parole pour qu'elle se manifeste dans votre vie.

"C'est lui qui pardonne toutes tes iniquités, Qui guérit toutes tes maladies " (Lire Psaume 103.3)

205. Le Seigneur Jésus-Christ ne vous guérira pas aujourd'hui si vous le lui demander, car il vous a déjà guéri par ses meurtrissures, et c'est à vous d'accepter cette guérison par la foi afin de la voir et la vivre.

"Mais il était blessé pour nos péchés, brisé pour nos iniquités; Le châtiment qui nous donne la paix est tombé sur lui, et c'est par ses meurtrissures que nous sommes guéris. " (Lire Ésaïe 53.5)

"Lui qui a porté lui-même nos péchés en son corps sur le bois, afin que morts aux péchés nous vivions pour la justice; lui par les meurtrissures duquel vous avez été guéris. " (Lire I Pierre 2.24)

206. Parfois nous avons l'impression que Dieu ne se soucie pas de nous à cause des nombreuses épreuves que nous traversons dans la vie, car malgré nos prières, Dieu semble se taire ! Ce que nous oublions souvent, c'est que même dans le silence, Dieu travaille en notre faveur, parce que toutes choses, y compris le silence de Dieu, contribuent à notre bien. Prenons donc courage et persévérons.

"Nous savons, du reste, que toutes choses concourent au bien de ceux qui aiment Dieu, de ceux qui sont appelés selon son dessein. " (Lire Romains 8.28)

207. Peu importe ce qu'un homme peut posséder comme avoir dans sa vie terrestre, son « bonheur » est le même que celui de tout autre homme heureux sur terre, car c'est Dieu qui veut que cela soit ainsi.

“Il n’y a de bonheur pour l’homme qu’à manger et à boire, et à faire jouir son âme du bien-être, au milieu de son travail; mais j’ai vu que cela aussi vient de la main de Dieu. “ (Lire Ecclésiaste 2.24)

208. Pour être protégés par Dieu dans la tentation, nous devons d'abord faire notre part pour garder la parole de la persévérance en Dieu, donc nous devons persévérer lors de la tentation en résistant au diable, et il s’enfuira certainement, car Dieu l'a promis.

“Soumettez-vous donc à Dieu; résistez au diable, et il fuira loin de vous. “ (Lire Jacques 4.7)

“Parce que tu as gardé la parole de la persévérance en moi, je te garderai aussi à l’heure de la tentation qui va venir sur le monde entier, pour éprouver les habitants de la terre. “ (Lire Apocalypse 3.10)

209. Dieu ne nous a jamais dit que nous ne serons pas tentés, mais plutôt que nous serons tentés, et qu'à travers la tentation, il ouvrira la voie pour que nous puissions supporter la tentation. Essayons donc de résister quand la tentation se présente, jusqu'à ce que Dieu vienne à notre secours en ouvrant un chemin pour que nous puissions supporter cette tentation.

“Aucune tentation ne vous est survenue qui n’ait été humaine, et Dieu, qui est fidèle, ne permettra pas que vous soyez tentés au-delà de vos forces; mais avec la tentation il préparera aussi le moyen d’en sortir, afin que vous puissiez la supporter “ (Lire I Corinthiens 10.13)

210. Dieu ne nous a jamais promis une vie facile sur terre, mais il nous a plutôt avertis que nous aurons des problèmes dans la vie, et nous a aussi réconfortés en nous disant de prendre courage, car il a vaincu le monde. Prenons donc courage malgré nos épreuves parce que le Christ a déjà conquis pour nous.

“Je vous ai dit ces choses, afin que vous ayez la paix en moi. Vous aurez des tribulations dans le monde; mais prenez courage, j’ai vaincu le monde. “ (Lire Jean 16.33)

211. Le fait d'être en Christ le vainqueur du monde fait de nous plus que vainqueurs, car nous ne combattons pas pour avoir la victoire, mais nous combattons dans la victoire. Alors, nous n'avons rien à craindre sur terre parce que, peu importe ce qui pourrait arriver, nous sommes déjà victorieux par Jésus-Christ.

"Mais dans toutes ces choses nous sommes plus que vainqueurs par celui qui nous a aimés. " (Lire Romains 8.37)

212. Il arrive parfois que l'homme se révolte contre son créateur à cause de certaines épreuves de la vie qu'il trouve injustes de la part de Dieu, comme ce fut le cas de Jonas qui s'était irrité parce que Dieu avait eu pitié des gens de Ninive.

"Dieu vit qu'ils agissaient ainsi et qu'ils revenaient de leur mauvaise voie. Alors Dieu se repentit du mal qu'il avait résolu de leur faire, et il ne le fit pas. " (Lire Jonas 3.10)

"Cela déplut fort à Jonas, et il fut irrité. Il implora l'Éternel, et il dit : Ah! Éternel, n'est-ce pas ce que je disais quand j'étais encore dans mon pays? C'est ce que je voulais prévenir en fuyant à Tarsis. Car je savais que tu es un Dieu compatissant et miséricordieux, lent à la colère et riche en bonté, et qui te repens du mal. " (Lire Jonas 4.1-2)

Or, la colère de l'homme ne peut en aucun cas accomplir la justice de Dieu, car Dieu a toujours raison même lorsque cela semble être contraire à la logique humaine.

"Car la colère de l'homme n'accomplit pas la justice de Dieu. " (Lire Jacques 1.20)

C'est pourquoi, ne nous irritons pas lorsque les choses semblent être injustes de la part de Dieu à nos yeux, parce que ce serait mal faire, car il arrive que nous pensions bien agir en nous irritant comme Jonas qui pensé bien faire lorsqu'il s'irritait or, cela n'était pas le cas.

"Dieu dit à Jonas : fais-tu bien de t'irriter à cause du ricin? Il répondit : Je fais bien de m'irriter jusqu'à la mort. " (Lire Jonas 4.9 et Psaume 37.8)

213. Lorsque Dieu appelle un homme au ministère, cet appel paraît souvent irréalisable à celui-ci comme ce fut le cas de Moïse, pour ne pas tous les cités, car l'homme a souvent

en vue ses faiblesses et ses incapacités, tandis que Dieu a en vue la manifestation de sa puissance au travers des faiblesses et des incapacités de l'homme.

"Moïse dit à l'Éternel : Ah! Seigneur, je ne suis pas un homme qui ait la parole facile, et ce n'est ni d'hier ni d'avant-hier, ni même depuis que tu parles à ton serviteur; car j'ai la bouche et la langue embarrassées. L'Éternel lui dit : Qui a fait la bouche de l'homme? Et qui rend muet ou sourd, voyant ou aveugle? N'est-ce pas moi, l'Éternel? Va donc, je serai avec ta bouche, et je t'enseignerai ce que tu auras à dire. Moïse dit : Ah! Seigneur, envoie qui tu voudras envoyer. " (Lire Exode 4.10-13)

L'homme oublie souvent que le Dieu qui l'appel au ministère est le même Dieu qui rend l'homme capable d'être ministre, car nul ne peut servir Dieu avec sa force ou ses capacités.

"Ce n'est pas à dire que nous soyons par nous-mêmes capables de concevoir quelque chose comme venant de nous-mêmes. Notre capacité, au contraire, vient de Dieu. Il nous a aussi rendus capables d'être ministres d'une nouvelle alliance, non de la lettre, mais de l'esprit; car la lettre tue, mais l'esprit vivifie. " (Lire II Corinthiens 3.5-6)

C'est pourquoi le Christ a dit que sans lui, nous ne pouvons rien faire.

"Je suis le cep, vous êtes les sarments. Celui qui demeure en moi et en qui je demeure porte beaucoup de fruit, car sans moi vous ne pouvez rien faire. " (Lire Jean 15.5). Alors, ne comptons pas sur nos propres mérites afin de servir le Seigneur en tant que ministre de l'évangile, mais comptons plutôt sur la puissance de Dieu qui agit au travers de nous.

214. Prêcher la parole de Dieu est une très bonne chose parce que c'est le don de Dieu qui s'exprime à travers l'homme, mais vivre ce que l'on prêche est une chose totalement différente de la prédication, car ce n'est plus l'expression du don divin, mais le choix et la volonté de l'homme, avec l'aide du Saint Esprit.

Par-dessus tout, nous devons savoir que sans le soutien divin, quel que soit le choix et la volonté de l'homme, il ne pourra jamais vivre la parole comme il le devrait, car il échouera quelque part à cause de son imperfection.

C'est pourquoi, il est écrit : "Ainsi donc, cela ne dépend ni de celui qui veut, ni de celui qui court, mais de Dieu qui fait miséricorde. " (Lire Romains 9.16 et Jean15:5).

215. Parfois lorsque nous avons des problèmes dans la vie et que nous n'arrivons pas à comprendre ce qui nous arrive, nos pensées s'égarent à tel point que cela n'a absolument rien à voir avec les pensées de Dieu pour nous, car souvent lorsque l'homme ne comprend pas ce qui lui arrive, il s'imagine des choses jusqu'à croire cela, alors que ça n'a absolument rien à faire avec les pensées de Dieu.

"Car mes pensées ne sont pas vos pensées, Et vos voies ne sont pas mes voies, Dit l'Éternel. Autant les cieux sont élevés au-dessus de la terre, Autant mes voies sont élevées au-dessus de vos voies, Et mes pensées au-dessus de vos pensées. " (Lire Ésaïe 55.8-9).

C'est pourquoi la parole nous dit que tout ce qui est vertueux doit être l'objet de nos pensées et rien d'autre, car la pensée est la matrice de la création. Et si nos pensées sont bonnes, nous produirons de bons résultats, mais si elles ne le sont pas, les résultats ne le seront pas non plus.

"Au reste, frères, que tout ce qui est vrai, tout ce qui est honorable, tout ce qui est juste, tout ce qui est pur, tout ce qui est aimable, tout ce qui mérite l'approbation, ce qui est vertueux et digne de louange, soit l'objet de vos pensées. " (Lire Philippiens 4.8)

216. Il est facile de perdre la foi quand l'épreuve va au-delà de notre compréhension, car cette dernière ne saisit pas le sens de l'épreuve ! Or, c'est précisément en ce moment que nous devons décupler nos efforts pour garder la foi que nous professons en Jésus Christ, car c'est le combat de la foi contre l'incrédulité ! C'est pourquoi Dieu nous commande de combattre le bon combat de la foi ; et c'est souvent à l'heure la plus sombre de notre vie que Jésus vient nous aider.

“Le commandement que je t’adresse, Timothée, mon enfant, selon les prophéties faites précédemment à ton sujet, c’est que, d’après elles, tu combattes le bon combat, en gardant la foi et une bonne conscience. Cette conscience, quelques-uns l’ont perdue, et ils ont fait naufrage par rapport à la foi. “ (Lire I Timothée 1.18-19)

“Demeurons fermes dans la foi que nous professons. “ (Lire Hébreux 4.14)

217. Parfois nous donnerons aux autres la solution à leur problème alors que nous aurons les mêmes problèmes, et il n'y aura personne pour nous donner la solution comme Joseph en prison qui a interprété les rêves des autres.

“Joseph, étant venu le matin vers eux, les regarda; et voici, ils étaient tristes. Alors il questionna les officiers de Pharaon, qui étaient avec lui dans la prison de son maître, et il leur dit : Pourquoi avez-vous mauvais visage aujourd’hui? Ils lui répondirent : Nous avons eu un songe, et il n’y a personne pour l’expliquer. Joseph leur dit : N’est-ce pas à Dieu qu’appartiennent les explications? Racontez-moi donc votre songe. “ (Lire Genèse 40.6-8)

Or, Joseph aussi avait des songes, et il raconta cela à des gens qui le haïrent davantage tandis que lui interprétait ceux des autres.

“Joseph eut un songe, et il le raconta à ses frères, qui le haïrent encore davantage. Il leur dit : Écoutez donc ce songe que j’ai eu! Nous étions à lier des gerbes au milieu des champs; et voici, ma gerbe se leva et se tint debout, et vos gerbes l’entourèrent et se prosternèrent devant elle. “ (Lire Genèse 37.5-7)

Gloire soit rendu à Dieu, car comme il n’y avait personne pour réconforter Joseph concernant ses songes, Dieu lui-même le fit en étant avec lui jusqu’à l’accomplissement de ses songes!

“L’Éternel fut avec Joseph, et il étendit sur lui sa bonté. Il le mit en faveur aux yeux du chef de la prison. “ (Lire Genèse 39.21) ; “ Joseph vit ses frères et les reconnut; mais il feignit d'être un étranger pour eux, il leur parla durement, et leur dit : D'où venez-vous? Ils répondirent : Du pays de Canaan, pour acheter des vivres. Joseph reconnut ses frères, mais eux ne le reconnurent pas. Joseph se souvint des songes qu'il avait eus à leur sujet " (Lire Genèse 42.6-9)

C'est pourquoi, même lorsque nous ne recevons pas ce que nous désirons, et que nous avons la possibilité d'aider les autres à recevoir ce qu'ils désirent, aidons-les, car Dieu n'est pas injuste. "Car Dieu n'est pas injuste, pour oublier votre travail et l'amour que vous avez montré pour son nom, ayant rendu et rendant encore des services aux saints. " (Lire Hébreux 6.10)

218. Comme Job, je me suis parfois demandé ce que ce serait pour moi de ne pas pécher contre Dieu, car je ne voyais pas l'intérêt de mettre mon plaisir en Dieu parce que la souffrance faisait rage dans ma vie même si je faisais de mon mieux pour craindre Dieu et le servir!

"Car il a dit : Il est inutile à l'homme De mettre son plaisir en Dieu. " (Lire Job 34.9)

Dieu m'avait répondu ceci : " Imagines-tu avoir raison, penses-tu te justifier devant Dieu, quand tu dis : Que me sert-il, que me revient-il de ne pas pécher? " (Lire Job 35.23) ;

"Si tu pèches, quel tort lui causes-tu? Et quand tes péchés se multiplient, que lui fais-tu? Si tu es juste, que lui donnes-tu? Que reçoit-il de ta main? Ta méchanceté ne peut nuire qu'à ton semblable, Ta justice n'est utile qu'au fils de l'homme. "(Lire Job35.6-8)

C'est pourquoi éloignons-nous donc du péché et craignons Dieu, car en péchant ou en étant mauvais, nous blessons notre semblable, alors que le Seigneur Jésus-Christ nous a commandé ceci :

"Tu aimeras ton prochain comme toi-même. " (Lire Matthieu 22.39)

219. La Bible est la parole de Dieu ! Lire que Dieu a fait ceci ou cela pour ceux qui ont vécu à une certaine époque édifie pour quelque temps ! Mais, avec le temps, les témoignages bibliques auront moins d'impact sur l'homme quand il ne reçoit toujours pas son propre témoignage malgré sa persévérance dans la foi.

Il est très décourageant de continuer à croire en la parole et aux témoignages bibliques, alors que vous ne recevez toujours pas votre propre témoignage après avoir attendu si longtemps et persévéré jusqu'à épuisement.

Maintenant, la parole de Dieu est d'une vérité absolue qui ne change jamais dans le temps parce qu'elle est éternelle ! Peu importe combien de temps nous attendons, nous devons continuer à persévérer dans la foi en la parole et dans la prière, jusqu'à la fin de nos épreuves afin d'être victorieux comme il est écrit :

“Mais celui qui persévérera jusqu'à la fin sera sauvé. “ (Lire Matthieu 24.13)

220. Dieu nous commande d'être parfaits comme il est parfait, car il sait que la perfection peut s'accomplir selon la stature parfaite du Christ, et non selon la conception humaine de la perfection ! Par conséquent, aussi imparfaits que nous soyons, ne nous décourageons pas, car le Dieu qui nous a commandé d'être parfaits nous perfectionnera lui-même.

“Soyez donc parfaits, comme votre Père céleste est parfait. “ (Lire Matthieu 5.48)

“Le Dieu de toute grâce, qui vous a appelés en Jésus Christ à sa gloire éternelle, après que vous aurez souffert un peu de temps, vous perfectionnera lui-même, vous affermira, vous fortifiera, vous rendra inébranlables. “ (Lire I Pierre 5.10)

221. Dieu n'est pas dans l'inutilité, car tout ce qu'il accomplit par sa parole est utile ! C'est pourquoi éloignons-nous de tout ce qui est inutile dans notre vie, car cela ne nous édifie pas.

“Tout est permis, mais tout n’est pas utile; tout est permis, mais tout n’édifie pas. “ (Lire I Corinthiens 10.23)

222. Nous sommes responsables de notre propre destin, car Dieu nous a donné la faculté de faire le choix de notre futur ! Faisons donc le bon choix qui est la vie pour que nous puissions vivre et avoir un destin heureux.

“J’ai mis devant toi la vie et la mort, la bénédiction et la malédiction. Choisis la vie, afin que tu vives, toi et ta postérité“ (Lire Deutéronome 30.19)

223. Les problèmes arrivent à tout le monde, car personne n'est jamais à l'abri d'un incident ! Par conséquent, ne nous vantons pas du lendemain, car nous ne savons pas ce qui peut nous arriver, mais faisons plutôt confiance à l'Omniscient tout en restant humble.

“Ne te vante pas du lendemain, Car tu ne sais pas ce qu’un jour peut enfanter. “ (Lire Proverbes 27.1)

224. Manifester l'amour chez une personne de mauvaise vie peut donner un sens à sa vie, comme c'était le cas de l'être humain, car ayant un cœur rempli de méchanceté, Dieu a montré son amour envers lui en envoyant son fils mourir à la croix à cause de ses péchés, et cet amour a donné un sens à sa vie. Alors, témoignons de l'amour comme Dieu nous l'a montré.

“Aussi le cœur des fils de l’homme est-il plein de méchanceté, et la folie est dans leur cœur pendant leur vie “ (Lire Ecclésiaste 9.3)

“L’amour de Dieu a été manifesté envers nous en ce que Dieu a envoyé son Fils unique dans le monde, afin que nous vivions par lui. Et cet amour consiste, non point en ce que nous avons aimé Dieu, mais en ce qu’il nous a aimés et a envoyé son Fils comme victime expiatoire pour nos péchés. Bien-aimés, si Dieu nous a ainsi aimés, nous devons aussi nous aimer les uns les autres. “ (Lire I Jean 4.9-11)

225. Nul ne connaît le chemin qui mène à Dieu, car tout homme est corrompu ! Le seul et unique chemin c'est Jésus-Christ.

"Jésus lui dit : Je suis le chemin, la vérité, et la vie. Nul ne vient au Père que par moi. Si vous me connaissiez, vous connaîtriez aussi mon Père. Et dès maintenant vous le connaissez, et vous l'avez vu. " (Lire Jean 14.6-7)

226. Ne jamais sous-estimer l'homme qui est compétent dans son travail quand il est encore au bas de l'échelle, car il pourrait un jour se tenir aux côtés des grands.

"Si tu vois un homme habile dans son ouvrage, Il se tient auprès des rois" (Lire Proverbes 22.29)

227. Parfois, la seule faille dans nos projets de vie, c'est de ne pas écouter les conseils des autres parce que nous pensons que nous pouvons le faire seuls ! Cependant, nous oublions que ce sont les conseils qui renforcent les projets ! C'est pourquoi, soyons prudents et écoutons les différents conseils que nous recevons des autres afin de mener à bien nos projets.

"Les projets s'affermissent par le conseil " (Lire Proverbes 20.18)

228. Aussi périlleuse qu'une situation puisse paraître à nos yeux, il y a certainement un moyen de s'en sortir avec Dieu, car il est lui-même notre secours. Alors, tenons ferme et persévérons.

"Voici, Dieu est mon secours, le Seigneur est le soutien de mon âme. " (Lire Psaume 54.6)

229. Ayons l'habitude de ne pas garder les mauvais souvenirs des personnes qui sont mortes, car cela ne sert à rien, mais gardons plutôt les bons comme firent les veuves de Joppé lorsque Tabitha était morte afin d'honorer sa mémoire

“Il y avait à Joppé, parmi les disciples, une femme nommée Tabitha, ce qui signifie Dorcas : elle faisait beaucoup de bonnes œuvres et d’aumônes. Elle tomba malade en ce temps-là, et mourut. Après l’avoir lavée, on la déposa dans une chambre haute. “ (Lire Actes 9.36-37)

“Comme Lydde est près de Joppé, les disciples, ayant appris que Pierre s’y trouvait, envoyèrent deux hommes vers lui, pour le prier de venir chez eux sans tarder. Pierre se leva, et partit avec ces hommes. Lorsqu’il fut arrivé, on le conduisit dans la chambre haute. Toutes les veuves l’entourèrent en pleurant, et lui montrèrent les tuniques et les vêtements que faisait Dorcas pendant qu’elle était avec elles. “ (Lire Actes 9.38-39)

230. Vivre sur terre dans le Seigneur, est pareil que mourir dans le Seigneur; car nous appartenons au Seigneur de notre vivant, et après notre mort, nous appartiendrons toujours au Seigneur. D’où, il n'y a pas de quoi s'inquiéter lorsque nous mourrons dans le Seigneur.

“En effet, nul de nous ne vit pour lui-même, et nul ne meurt pour lui-même. Car si nous vivons, nous vivons pour le Seigneur; et si nous mourons, nous mourons pour le Seigneur. Soit donc que nous vivions, soit que nous mourions, nous sommes au Seigneur. Car Christ est mort et il a vécu, afin de dominer sur les morts et les vivants. “ (Lire Romains 14 :7-9) ; “ Car Christ est ma vie, et la mort m’est un gain. “ (Lire Philippiens 1.21)

Printed by Books on Demand GmbH, Norderstedt / Germany